いつも綺麗、じゃなくていい。

50歳からの美人の「空気」のまといかた

松本千登世

PHP研究所

〔松本千登世のおすすめ定番品〕

本能に響く香りに出合えたら、フレグランスからボディケアまで
フルアイテムで。「レイヤリング」を楽しむうちに、肌が香り出す。

洗顔後のまっさらな肌になじませるだけでもっと明るく、もっと柔らかく。肌の可能性をぐんと広げるベーシックケア前の一滴。

「明日の肌のことは明日の肌に聞いて」。それほど不安定な私の肌を変えた拭き取りクレンジング。コットンにも人一倍こだわって。

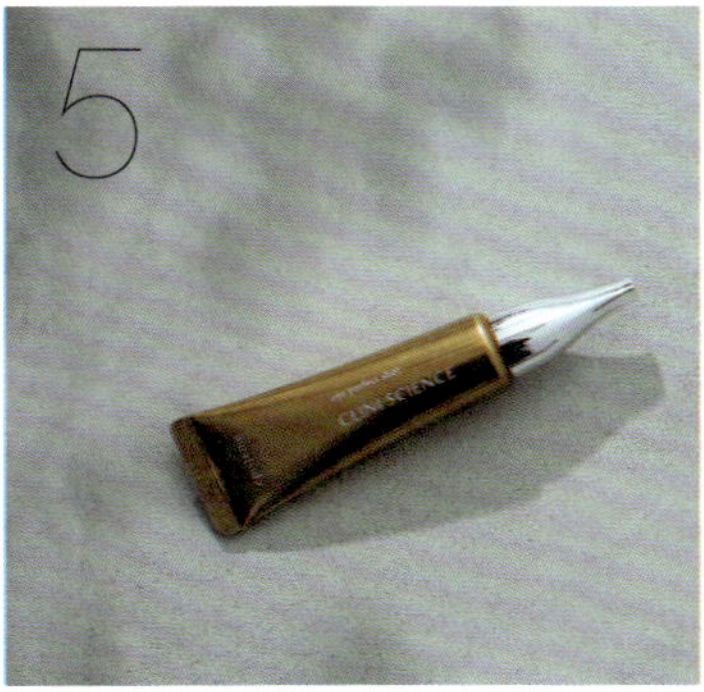

目元に自信が持てないと相手をまっすぐに見られない、思い切り笑えない。アイケアは、大人が毎日を、人生をもっと楽しむために。

日々の食事が体を作るように、日々のスキンケアが肌を作る。成分も使い心地も肌が喜ぶ「極上」を選んで、丁寧に積み重ねたい。

頭皮にピュアなオイルをなじませて、マッサージ。頭皮が健やかになるだけでなく、半径1メートルが心地いい香りで包まれる。

悩みが複合的に絡み合う大人の肌には、肌そのものの力を高めてハリもツヤも叶え、顔のあらゆる「影」を一掃するものが正解。

年齢とともに失われがちなものをサプリメントで補い、体も心も肌も健やかに。毎日を穏やかに送るための「転ばぬ先の杖」。

与えるケアはもちろん大事。でも落とすケアも同じくらい大事。年齢サインを刻みやすいデリケートな目元や口元はなおのこと。

いつも綺麗、じゃなくていい。

——50歳からの美人の「空気」のまといかた

はじめに

以前、30代向け女性誌の編集部に在籍していたころ、自ら志願して、「フランス女性はなぜ魅力的なのか？」というテーマを担当したことがあります。

大人の女性が、大人らしく女性らしく、生き生きと生き、誰もがその魅力を称賛する文化。ずっとずっと知りたかったその秘密を探り、学び、私たちも「いい女修業」をしようという意図でした。

フランス文学者の日本人男性やフランス人ジャーナリストの女性、フランス企業のＰＲの日本女性、フランス人男性と結婚している日本人女性、フランスで活躍した経験のある日本人ヘア＆メイクアップアーティスト……。

さまざまな立場でフランスの文化を五感で捉《とら》え、精通する人たちに取材を続ける中で、こんな話を耳にしました。

フランスの若い女性は、年上の女性たちが集まる席に参加したがっていて、でも、そのたび、年上の女性に「嫉妬」をする。それはなぜなら、年齢を重ねた女性のほうが、話題も表情も豊かで、会話が上手《うま》い。結果、その場の「華」になるから。

できるだけ相手が取りやすい球を投げるという「キャッチボール」にたとえられる日本の会話に対し、むしろ相手が取りづらい球を投げるという「ラリー」にたとえられるフランスのそれは、研ぎ澄まされた感性や知性、幅広く奥深い知識や経験が求められるもの。だからこそ、若さは圧倒的に不利……。

同じ土俵に上がりたければ、華になりたければ、もっと勉強をしなくちゃ、もっと経験を積まなくちゃ。こうして、いい女になる努力をするのだ、というのです。

大人のほうが、素敵。そんな「あり方」に触れ、心の底から興奮したことを思い出します。

でも、じつはその一方で、こうも思っていました。

単に歳《とし》を取るだけでは、大人の意味がない。若い女性たちに嫉妬されるほどの魅力を手に入れるには、「年甲斐《としがい》」がなくちゃ。取材を進めるにしたがって、「プレッシャー」を感じる自分がいたのです。

40歳の私は、情けないことにまだまだ「大人の子供」だったのだと思います。

あれから、何年が経《た》つでしょう？

年齢を重ねるほどに、「壁」にぶち当たることが多くなりました。

肌の壁、体の壁、心の壁。

仕事を通して知り合う識者の方々や周りにいる年上の女性から、いろいろとアドバイスをもらっていたにもかかわらず、いざ、我が身に起こると、焦ったり、戸惑ったり、落ち込んだりと、自分の弱さを痛感しています。

しかも、その壁は、どんどん高く、硬く、厚く、荒くなる……。

若いころのように、情熱も体力もないからなのでしょうか？　次第に、見て見ぬふりをしたり、端《はな》から無理と諦《あきら》めたりすることも増えました。

そして、乗り越えられない壁が積み重なっていくうちに、ふと気づくと、自分を愛せなくなっている……。

年齢を重ねるって、大変。そう思っているのはきっと、私だけではないはずです。

だからこそ、老若男女《ろうにゃくなんにょ》問わず、素敵な大人たちに触れるたび、はっとさせられるのです。

彼らは、ときに、「努力」で壁を鮮やかに打ち壊し、ときに、「工夫」で壁を軽やかに跳《と》び越え、ときに、「ユーモア」で壁をするりとかわしている。

そして、壁の向こうへ一歩を踏み出すごとに、輝きを増している気がするのです。

確信しました。壁があるから、素敵ができあがる。壁がなければ、年甲斐は生まれないのだ、と。

そこで、大人の素敵を手に入れるために。そして、自分自身や大切な人を愛するために。素敵な大人たちに学んだこと、気づかされたこと、それによって自分が変わったこと……。50歳からの「壁」を乗り越えるためのヒントを言葉にしたいと考えました。行き詰まっていた私を救ってくれた言葉。落ち込んでいた私を救ってくれた思考。年齢を重ねるって、大変、そんな心の向きを180度変えてくれた「魔法」……。

それらを思い浮かべながら、私たちが抱きがちな悩みや不安に、同世代としてひとつひとつ向き合いたいと思います。

年齢が肌に刻むシワやシミも、時間をかけて創り上げた個性。年齢と向き合うからこそ生まれる心の傷や凹《へこ》みも、かけがえのない個性。

大人はいつも綺麗《きれい》、じゃなくていい。本当の綺麗は、もっと先にあると信じたいのです。

私を救ってくれたヒントが、ひとりでも多くの女性に伝わるようにと、祈ってやみません。

松本千登世

いつも綺麗、じゃなくていい。——50歳からの美人の「空気」のまといかた　目次

CHAPTER 1

50歳からの「壁」をふわりと乗り越える

CHAPTER 2

朝から爽やかに美人の「空気」をまとうために

CHAPTER 3

未来に向け、過去を脱ぎ捨てて今を生きるヒント

CHAPTER 4

下り坂を知ると、女性はもっと美しくなれる

本音35「見た目なんてどうでもいい、と諦めそうになる自分がいます」
「見た目は資産」と、考えてみる　123
本音36「周りの綺麗な人たちを見ていると、うらやましく思います」
大人は、美人じゃなくていい、美人に見えれば　126

CHAPTER 5

綺麗の呪縛から解き放たれて、軽やかにしなやかに

ブックデザイン…飯塚文子
写真…………目黒智子
ヘア&メイク……水野未和子

CHAPTER

1

50歳からの「壁」をふわりと乗り越える

本音1「不機嫌そうと言われます。そんなこと、ないのに」

機嫌のいい顔は、「筋トレ」から

尊敬する編集者の女性が、苦笑いをしながらこんな話をしてくれました。

ある日、「機嫌よく」料理をしていたら、カウンター越しにご主人が、ひと言。

「ねえ、何かあった？　どうしてそんなに不機嫌そうな顔、してるの？」

怒ってもいない、苛立《いらだ》ってもいない。むしろ、上機嫌。それなのに、いったいなぜ？

周りの同世代たちに話したら、「私も」「私も」と出てくる、出てくる……。

「私は下り、向こうは上り、長いエスカレーターですれ違っていたらしくて、『すごく疲れてるみたいだったから、あえて見ないふりをした』と友人に言われたの。食事に向かう途中だったから、ちゃんとメイクもしていたはずなのに」「会社でパソコンに向かっていたとき、後ろから、部下に声をかけられたのね。振り返ったら、はっと息を呑《の》んで『忙しそうですね、やっぱりあとにします』って。ただメールを打っていただけなのに」「ああ、遅刻しちゃうと、焦って乗り込んだ会社のエレベーター。『誰？　この不機嫌そうなおばさん』って思ったら、大きな鏡に映った自分だったの」「電車でスマートフォンを覗《のぞ》き込《こ》んだら、画面に自分の顔が映って、『えっ⁉』。私はいつも、周りにこんな不機嫌そうな顔を見せているんだなあって」……。

大人たちは誰しも、経験していました。

――筋肉の衰えが、無表情の顔を変える

不機嫌そうに見える理由はきっと、下がった口角。それによって顔に現れた「下向きの矢印」なのだと思います。

若さが顔を支えていたころは、たとえ「無表情」であっても「上向きの矢印」があって、機嫌よく見えた、少なくとも、不機嫌には見えなかったはずです。ところが、年齢を重ねるほどに筋肉が衰えて、緩んだり、萎《しぼ》んだり、たるんだり。結果、顔全体が下がる。

しかも、最近では、SNSによるコミュニケーションやパソコン、スマートフォンの長時間作業で「話す」という行為が減り、表情が乏しくなることで、筋肉を使わなくなり、余計に動かせなくなるから、衰えに拍車がかかるという説も。挨拶《あいさつ》や会釈《えしゃく》さえ減っている

今という時代、それはより深刻でしょう。

だから、年齢を重ねると、無表情＝不機嫌に見える、不機嫌に見える頻度が増える……。裏を返せば、「不機嫌？」と聞かれ始めたら、老化が目立ち始めたサインに違いないのです。

また、「疲れてる？」に繋《つな》がる深いほうれい線も、「太った？」に繋がるフェイスラインのもたつきも、たぶん、同じこと。

そこで、日常の習慣に取り入れたいのが、顔の筋トレです。特別なことは必要なし。いつでもどこでも、とにかく笑顔を意識する、口角を上げる、それだけでも筋肉は育ちます。また、入浴や運動で体が温まったときに、目や口を大きく開いたり閉じたりしてストレッチをし、顔の筋肉を緩めることも効果的。リラクセーションにも繋がり、一石二鳥です。

でも……。もしかしたら、不機嫌に見せる要因は顔だけじゃないのかもしれません。体幹の筋肉が衰えると、姿勢をまっすぐに保つことができなくなり、肩が前に出たり、背中が丸くなったりして、体にも下向き矢印は現れる。その矢印が、口角を引っ張って、より下向きが強調されると思うのです。

顔や体の筋肉は心の筋肉にも直結します。質のいい筋肉の向こう側には、にこやかに笑い、軽やかに動いている日々が見える……。「上機嫌な大人」を目指したいと思います。

本音2「『食べると太る』という罪悪感……」

「好き嫌い」を「好き大好き」に言い換える

「『好き嫌い』は、ありますか？」

食事に誘われたとき、店やメニューを決めるに当たり、こんなふうに気を使ってくれる人がいます。そのたび、「幸運にも、私は『好き』と『大好き』しかないので、どうかお気使いなく」と答えるようにしています。

すると、必ずと言っていいほど、「素敵」と褒められるのです。中には、「私も、真似《まね》していいですか？」と言ってくれる人まで。

じつは、この言い回し、周りの人たちには、私オリジナルと思われているようですが、残念ながら、そうではありません。

きっかけは、たまたま見かけたテレビのバラエティ番組でした。

番組に出演していた男性アスリートが、食べ物の好き嫌いについて聞かれ、「幸せなことに僕は、この世の食べ物に、好きと大好きしかないんです」と答えたのです。

なんて、素敵なんだろう！　とはっとさせられました。そのとき、彼が浮かべた照れ臭そうな笑顔とともに、今も、記憶に刻まれています。

「食べ物に好き嫌いがない」＝「何でも食べられる」という、いわば「ニュートラル」なあり方。

さらに一歩進んで、好き大好きという前提があったら、食べ物に対する感情は「美味《おい》しい」「楽しい」「幸せ」と、好き嫌いがないよりもっと、プラス方向のスパイラルが生まれます。

「美味しいね」と笑いながら食べるのと、「太っちゃう」と心配しながら食べるのと、その差は誰しも想像がつくはず。同じものを食べても、ポジティブな思考かネガティブな思考かで、脳や体の反応が異なることは、実際、科学的にも証明されている真実です。

だからこそ、まずは、「好き嫌い」を「好き大好き」に言い換えることから始めてほしいのです。

ちなみに、私の場合は、この言い方を真似するようになってから、食べることに対する罪悪感がなくなるのみならず、幸せ感が増したみたい。好きでも嫌いでもない、と思っていたものまでも、好きになったりして。

そう、この言葉を習慣にするだけで、少しずつ少しずつ、「何か」がプラスの方向に回り始めたのです。

好き嫌い、と、好き大好き、との違い。きっと想像する以上に大きいはずです。

――ダイエットよりも、大きなメリット

ただ……！　この言い回しにはっとさせられた理由は、じつは、ほかにありました。

彼の、好きと大好きしかないという心の向きは、きっと、食べ物に対してだけじゃないに違いない。

「人」に対して、「物」に対して、「事」に対して、「時」に対して。つまりは、「生き方」すべてに対する、心の向きなのじゃないか。

人生を積極的に、能動的に、楽しんでいる姿が想像できたのです。

この言い回しが効果を発揮するのは、きっとダイエットだけではありません。毎日がもっと、大らかでいられる、軽やかでいられる。これからがもっと、わくわくするものになる。

本当のメリットは、ここにあるのだと気づかされました。

本音3「何をしても効果が感じられず、やる気を失います」

無意識の100回より、意識の1回、間違った100回より、正しい1回

スクワットを始めました。15回を1セットとして、3セット。寝る前の習慣にしようと決めて、できる限り毎日。

そうとはいえ、偉そうに語れるほどのものではなく、まだ、1年程度なのですが。

あるトレーナーの女性に「自慢」したところ、返ってきたのは「ねえ、ちゃんと意識して、やってる?」。

今、どの筋肉に負荷がかかっているのか。そのときどきで、筋肉と「対話」しながら行わないと、効果が半減すると彼女。

しかも、もし姿勢や動きが間違っていたら、効果がないどころか、違うところに筋肉がついたり、膝《ひざ》や腰を痛めたりすることにもなりかねないと指摘されたのです。

「さあ、ここでやってみて!」と言われ、渋々、行うと……? 案の定、それは私の「我

流」。そして、彼女がひと言。

「無意識の100回より、意識の1回、間違った100回より、正しい1回。そのほうが断然、体を変えるんです」

どきりとさせられました。

確かに、私のスクワットは、考えごとをしながらだったり、鼻歌まじりだったり、疲れているときなんて、眉間《みけん》にシワを寄せていたりと、無意識の極致。

「したつもり」の45回はまさに、気休め以外の何ものでもなかったということを思い知らされたのです。

――「丁寧」で甘やかすことも、大人には大切

以来、言われた通り、回数を減らして、その分、筋肉や姿勢、何より「タフな体になりたい」という気持ちを意識することを大切にし始めました。

すると、たった1回で、それまでとは「充実感」が違うと、実感。

回数を減らすと、一回一回のスピードがゆっくりになるので、背中は曲がってない？

太ももは床と平行になってる？　膝の位置は前に出ていない？　反動を利用していない？

と、いちいち確認できる。何より、ゆっくりな分、鍛えたい筋肉に的確な負荷がかかる。「丁寧」は「回数」など軽く超えてしまうのだと、改めて確信したのです。

スキンケアも同じではないでしょうか？

化粧水もクリームも塗ったつもり、マッサージもパックもしたつもり……では効果半減。しかも、もし、手の動きが荒かったり、圧が強すぎたりすると、余計な負担をかけることにもなりかねません。

また、あれもこれもと欲張って、ステップを増やせば増やすほど、きちんと意識しないと、肌の摩擦が増えることにつながって、傷める可能性もあるという識者もいます。

綺麗になりたいという純粋な思いから毎日続けているはずのスキンケア。それなのに、いつのまにか自己満足に終わっているケースも少なくないと思うのです。

ふと、嬉《うれ》しいことに気づきました。一回でいい、その分、丁寧にすれば。そう頭を切り替えたら、不思議と心が軽やかに、柔らかになっているって……。

丁寧という甘やかし方があるのを知ると、些細《ささい》な習慣がリフレッシュされて、楽しいものに思えてきました。

これなら続けられる、心の中で手応えを感じているのでした。

本音4「地下鉄の窓に映った自分の顔に、毎回ショックを受けます」

「長持ち綺麗」のために必要なのは、「知性」「理性」「感性」

尊敬する女性編集者と、雑談をしていたときのことです。

「長持ちする『綺麗』が、いちばん価値があると思うの。だって、一瞬の綺麗を作るのは簡単だけど、一生の綺麗を作るのは、難しいでしょう?」

そして、「長持ち綺麗のためには、知性と理性と感性が必要よね」。

一生のテーマを与えられたようで、深く深く考えさせられました。

一瞬＝「今」の綺麗を手に入れたいと感じているのは、私だけではないと思います。すぐに、綺麗になりたい、今、綺麗でありたい。女性なら誰しもそう思っているはず。

ただ、光が当たる綺麗は、時代の流れとともに変化するし、それと同時に、年齢を重ねるほどに、自分自身も変化します。

「今だけ」「自分だけ」を見ていると、視野がどんどん狭まって、大切な「何か」を見失ってしまう場合もあると思うのです。

まずは、自分という存在を一生かけて育むという、長期的な視点を持ちたいと改めて思いました。そのために必要なものって……?

自分を俯瞰《ふかん》で観察して、どういう女性でありたいか、どういう女性になりたいか、女性像を定める「知性」。

時代に求められているものを肌で感じて、大らかにのびやかにチューニングしていける「感性」。

自分自身や自分が大切にしているものを見失わず、本物か偽物か、いるものといらないものとを冷静に見極められる「理性」。

確かに。知性、感性、理性が揃って初めて綺麗は長持ちする……。

そういえば、と思い出しました。

トレーナーの女性にインタビューをしたとき、「ダイエットは、痩《や》せたり太ったりとリバウンドを繰り返すたびに、体型がどんどん崩れていくんです。今の痩せより、未来の美しさ。長い目で自分を見つめられるかどうかが、自分らしい体型を維持できるかどうかの鍵です」と言われたこと。

化粧品会社の女性にインタビューをしたとき、「肌にとっては、『波瀾万丈《はらんばんじょう》』がいちばんのストレスなんです。これをなんとかしたい、あれをなんとかしたいと焦ったり惑わされたりしないで、できるだけ長い目で肌を見つめて、丁寧にスキンケアを続けること。一発逆転を狙《ねら》い過ぎないほうが、肌は健やかでいられます」と言われたこと。

冒頭の会話で出た綺麗とは、決して表面だけのものではないのだと思います。生き方の清らかさも豊かさもすべて、その人の魅力を長持ちさせるには、知性、感性、理性が必要。それらが揃って初めて、素敵な大人が完成するのかもしれません。

「旬」をエンドレスに先延ばしできる人が、理想

私が憧《あこが》れるのは、男女問わず、「旬《しゅん》」がない人。たとえ、注目を浴びる今があったとしても、決しておごり高ぶることなく、地に足をつけながら、先へと進んでる人。昨日より今日、今日より明日と、日々を楽しみながら、自分を成長させている人……。

きっと、この人たちこそが、「長持ち綺麗」を形にしている人に違いありません。だからこそ、個性が育まれ、品性が育まれるのだと思うのです。

もう一度、考えたいと思います。本物の大人の綺麗とは何か、を。

本音5「スキンケア、何がいい？　メイク、どうしたらいい？」

メイク力より、会話力。美容力より、人間力

久しぶりに、大学時代、同じ寮で過ごした仲間で集まりました。久しぶりと言っても、半年ぶりくらい？　いつ会ってもほっとできる、大切な友人たちです。

当時から、面倒なことを全部引き受けて、自由な私たちをひとつにまとめてくれていた友人が、誰かが上京すると言っては、旗揚げ役となり、店もメニューも決めて、私たちを集めてくれるのです。

年齢を重ねても、立場が変わっても、関係性は変わらないんだと懐かしく思いながら、心からの感謝を込めて、その場に向かいました。

子供の話？　仕事の話？　健康の話？　美容の話？　大人の女性が集まると、必ずと言っていいほど上がる話題。

でも、彼女たちは少し、違いました。

もちろん、それら4つの話題にもさらりと触れながら、アートの話、スポーツの話、政治の話、環境の話……そして、何より驚かされたのは、「夢」の話。

集まったうちのひとりが、「ずっとアメリカに留学してみたかったんだよね」。

ふたりの子供を育てる母親ながら、もうひとつの大学に通い、臨床心理士の資格を取って、その分野で活躍する女性。突飛《とっぴ》な言葉に呆気《あっけ》にとられながらも、いかにも、誰より軽やかに人生を楽しんでいる彼女らしくて、私までわくわくさせられました。

心理学が学べたらいいな。でも、それ以外にもいろいろ興味があるの。うーん、空気を肌で感じるだけでもいいのかも、とも思ってる……。

その瞳は、きらきらと輝いていて、ふと見回すと聞いている皆の瞳も一様に輝いていて。うわあ、なんて、美しい人たちなのだろうと、心から感動したのでした。

――心のときめきが、メイクを超える、スキンケアを超える

じつは私、この本に生かそうと、彼女たちとの会話の途中に「ねえねえ、悩みって、何？」と聞いてみました。

シミが気になる、シワが気になる、たるんだとか太ったとか、化粧品は何がいいの？

美容機器や美容医療はどうなの？　みたいな、そんな言葉が次々と出てくるのを期待して。

すると……？

ああでもない、こうでもないとそれぞれに独り言のような呟《つぶや》きが聞こえて、結果的には皆、「うーん、いろいろ悩んだこともあったけれど、いい意味で諦めて、潔くなれたよね」。

聞けば、自分にとって大切なものを見極めながら、ひとつひとつ手放したら、悩みという悩みが、大したことじゃないように思えて、楽しい人生が見えてきた。年齢を重ねて、少しずつ楽になってきた、と……。

肌にも目にも表情にも、その心が現れていたから、皆、存在ごと、輝きを放っていたのだと改めて思いました。

帰り道。彼女たちの肌も髪も、メイクもファッションも、具体的には思い出せないのです。でも……輝いていたことだけが残像としてはっきりと刻まれています。

大人になったら、メイク力より、会話力。美容力より、人間力。

メイクは、相手の目をまっすぐ見て、話すことができる「自信」のために。美容は、大らかにのびやかに、思い切り笑える「余裕」のために。そう、メイクや美容は会話力や人間力を支えるもの。大人の綺麗は、ここにある気がしてならないのです。

本音6「肌に化粧水を弾き返される。浸透しないんです……」

柔らかいと歳を取らない、肌も体も頭も心も

「シワは、肌が硬いから目立つんです。肌が柔らかいと、シワは目立たないのよ」

美容の大家にそう言われて、はっとさせられたことがあります。ずっとその実感があったから、より納得させられたのです。

上質で柔らかいシルクの布と、分厚く硬いボール紙を思い浮かべてみてください。

シルクの布は折り曲げても、柔らかくハリがあるから、その力を跳ね返し、折り目がつきにくいと思います。一方、ボール紙についた折り目は、もう、元には戻りません。

同じことがもし、肌で起こっているとしたら……？　反発力と復元力のある柔らかい肌と、そうでない硬い肌と。シワの刻まれ方に、雲泥《うんでい》の差が生まれると思うのです。

シワだけではないのでしょう。

シミも毛穴の目立ちも、くすみもハリのなさも。硬い肌には跳ね返せない……。そう、

硬さは、老化そのもの。「化粧水が肌に浸透しない」は、そのサインに違いないのです。

まずは、化粧水を受け入れられる肌にすること。ボール紙をシルクの布にすること。それが、あらゆるエイジングサインを遠ざける「第一歩」です。

化粧水が肌に浸透しないと感じたら、クレンジングや洗顔を見直すことから始めてほしいと思います。

油分と水分をバランスよく含むクレンジングミルクは、ほかのクレンジング剤よりも硬くなった肌によりなじみがいいはず。また、汚れを浮き上がらせると同時に、肌の油分と水分を整えるので、肌表面の硬さを和らげてくれます。

肌表面がごわつきやかさつきが気になるようであれば、スクラブ洗顔を取り入れるのもひとつの手。ただ、肌を傷《いた》めないように意識することが大切です。力を入れすぎない、肌を擦《こす》りすぎない、頻繁に行いすぎない……など、慎重に慎重を重ねて行いましょう。

また、ブースター的な美容液を取り入れるのも、手っ取り早い方法だと思います。洗顔後のまっさらな状態に広がって、化粧水を引き込む肌にする効果があります。

化粧水が浸透しやすい肌を作れたら、大人の肌はいい方向に巡ります。潤いが潤いを呼び寄せ、柔らかさへのループができあがるから。

――肌から始める、柔らかさ＝若々しさのループ

肌だけではないのだと思います。

頭皮が硬くなると、健やかな髪が生えづらくなって、うねりが生じたり、ハリやコシ、ツヤがなくなったり。ともすると、白髪や薄毛の原因にもなりかねません。

また、体が硬くなると、体幹が歪《ゆが》んだり、余計な脂肪がついたりして、全体のバランスが保てないこと、誰もが感じていると思います。

そして……何より、私たちが意識すべきは、頭や心が硬くなっていないか？　ということ。新しい「もの」「ひと」「こと」にわくわくできるか。自分と異なる考え方や感じ方を、受け入れ、楽しめるか。ポジティブなできごとに感動し、ネガティブなできごとに共感できるか。改めて問いかけると、そうでない自分がいる。いけない、いけない、これこそが、老化のサインに違いありません。

外側も内側も柔らかさ＝柔軟性は、若々しさの「鍵」。肌も体も頭も心もつながっている。だから、肌だけじゃなく、全身に柔らかさのループを作る努力をしたいと思います。肌がそのスイッチになれば理想的、と。

本音7『今日、疲れてる?』が朝の挨拶。そんなつもりはないのだけれど」

睡眠のクオリティ＝1日のクオリティ＝人生のクオリティ

打ち合わせが早く終わって、まっすぐに帰宅できた日。家でゆっくり食事をして、音楽を聴きながら雑誌をめくって、早めに就寝。たっぷり睡眠を取って、すっきりと目覚めました。ヘアもメイクも……うん、大丈夫。ところが……?

朝、自分ではとても元気な顔で取材に行ったつもりなのに、会うなり「今日、疲れてる?」。珍しく、昨晩はゆっくり過ごせたのに。珍しく、今朝は余裕があったのに。珍しく、今日は絶好調で過ごせると思ったのに。そんな日に朝から心配されると、ああ、見た目に年齢が刻まれているのだと心底落ち込みます。

もしかしたら、本当に疲れている日にそう言われないのは、「傷つけそう」と気を使って、周りもあえて「大丈夫?」と聞かないからかもしれない。「ちょっとだけ」疲れが見える日だからこそ、言葉をかけやすいのではないか。いいように考えすぎでしょうか?

こうして「その日」をリセットできず、少しずつ疲れを溜《た》め込《こ》むうちに、疲れた顔＝自分の顔になってしまう……？　ああ、怖い。

疲れを感じさせない顔で、朝を迎えられたら、大人の理想。ずっとそう思っていました。ちょうどそのころ、ある入浴剤の発表会でこんな話を聞きました。

男女問わず、年齢問わず、朝まで前日の疲れを引きずっている人がとても多い。それは、自分は休んだつもりでも、実際には疲れが取れていないから。今日の疲れを「休」め、明日の鋭気を「養」って初めて、「休養」。「休息」だけに留《とど》まらない一歩先ができてこそ、「健康」や「元気」が手に入る……。

はっとさせられました。もっと、休養を意識しなくては。休養＝睡眠。それ以来、睡眠のクオリティを意識し始めたのです。

――会いたくなるのは、朝の顔が生き生きとしている人

そこで、私が心がけている、ごくごく当たり前のこと。

夜の食事の時間を早めに設定して、就寝までの時間をできれば4時間、少なくとも3時間空けるようにしています。消化が落ち着いてから眠りに就くようにしているのです。

どんなに時間がなくても、シャワーで済ませず、バスタブに浸かります。夏は38度前後、冬は40度前後とぬるめにして、15～20分程度ゆっくりと。入浴する時間は、就寝する1時間半から2時間前に設定して、入眠のリズムを整えるようにしています。特に、体が凝っていたり冷えていたりする場合は、効率よく血流を促進するために、炭酸ベースの入浴剤を利用します。

パソコンやスマートフォンは、できるだけ早めにオフにします。眠る前には、照明を最小限に落として、スクワット&ストレッチ。ノルマを課すのでなく、その日の気分や調子に合わせて、負担にならない程度に行っています。

眠る環境も自分なりに工夫をしています。枕とマットレスは、快眠をサポートするものをセレクト。また、良質な睡眠に誘《いざな》うディフューザーやピローミストなど、心身ともにリラックスできる香りに包まれるようにしています。

「朝の顔を見れば、『その人』がわかる」と言った人がいました。確かに。朝の顔に、1日のクオリティが見える、人生のクオリティが見える。一緒にいたくなる、また会いたくなる人は、朝、生き生きとした顔をしている人……。

本音8「眠くないのに『眠そうでしたね』、えっ、どういうこと？」

「何とかしたい」の前に、「傷つけない」を徹底する

二重だったのに、奥二重になった。奥二重だったのに、一重になった。そういえば、アイラインが引きにくくなったし、せっかく引いたはずのアイラインも目を開けると消えてしまうし。そういえば垂れ目になった気がする、目が小さくなった気がする、結果、顔が変わったような……？

どれも、目周りの肌が緩み、たるんで、上まぶたが目に覆いかぶさって起きる現象です。もしかしたら、視野が狭くなったと感じている人も、いるかもしれません。

眠くないのに「眠そうでしたね」と言われた原因はきっと、ここにあるのでしょう。

私も、最近になって特に、目元の「変化」を思い知らされることが増えてきました。

「以前に比べて、まつ毛が下向きになった、長さも短くなった」と感じていたのは、緩み、たるんだ上まぶたがまつ毛を物理的に押していたため。

私たち世代にとって、顔の中でも特に目元は、悩みが集中しがちなエリアです。目周りの皮膚は、顔の他の部位に比べ、皮膚の厚さが3分の1と薄く、とてもデリケート。しかも皮脂腺や汗腺《かんせん》がないため、乾燥しやすいという弱点があります。さらには、一日1万回とも2万回とも言われている瞬《まばた》きや、笑顔もしかめっ面もと、日々繰り返される喜怒哀楽の表情など、顔のどこより動きが激しく、よりダメージを受けやすいパーツなのです。

そのうえ、無意識のうちに、汗や涙を拭ったり、違和感があると言っては擦ったり引っ張ったり。アイシャドウにアイライン、アイブロウにマスカラ、それと同じだけのメイクオフを毎日毎日……。よかれと思って続けているアイケアも、なじませ方や圧力を間違えると、かえって負担をかけることにもなりかねません。

ちなみに、ハードタイプのコンタクトレンズを使っている私は、以前、美容の大家に取材でお目にかかったとき、「コンタクトレンズを外すとき、あなたは毎日毎日、まぶたを引っ張って伸ばしている分、そうでない人に比べて、目元にシワやたるみが生じやすいと心得て」と言われ、ショックを受けたことがあります。

目周りの肌の老化は、顔全体に比べ、より早く表れやすいということ。加えて目周りのトラブルは年齢とともに増し、複雑に絡み合い、深刻に広範囲になっていきます。だからこそ、一日でも早く自覚し、意識した人から、大人の目元は変わっていくはずです。

アイケアを無駄にしないために、心がけること

今、乾燥などの「質感」、くすみなどの「色」、シワなどの「凹凸」、それらを超えて緩みやたるみなどの「形状」や「立体感」にまで働きかける、進化したアイケアが続々と誕生しています。その効果はとてもスピーディ&ドラマティックで、「巻き戻す」感覚あり。悩んでいる人はもちろん、そうでない人も、味方につけない手はないと思います。

でも……！　それより何より、効果を無駄にしないためにも、ダメージを加えないこと、つまり、「擦らない」「動かさない」「傷つけない」習慣を心がけてほしいのです。

例えば、目元専用のメイクオフリムーバーとコットンを使い、できる限り優しくメイクを落とす。例えば、目周りの肌を動かさないようにこめかみ部分を押さえながら、アイケアをする。例えば、アイメイクをするときもコンタクトレンズを外すときも、丁寧に行う、など。習慣を変えると、それまでどれだけ負担をかけていたかがわかるはずです。

目元に限ったことではないと思います。プラスを狙う前に、マイナスをしない心がけを。そのほうが、変化は早く訪れます。

本音9 「美容医療が、気になって気になって仕方ありません」

「50歳で30歳に見える」は可能な時代、でも……？

「『50歳で30歳に見える』はもう、可能な時代になったと思うの。でも、ね。そうなりたい？」

美容医療から化粧品まで、その変遷や最先端に精通している美容・医療ジャーナリスト、海野由利子《うみのゆりこ》さんと雑談をしていたときに飛び出したひと言です。

ずっともやもやしていたことに答えをくれた気がして、どきりとさせられました。

大人の女性の8割が美容医療に興味を持っているとか、大人の女性ふたりにひとりが美容医療体験済みとか、いやいや、大人の男性だって同様に、8割が美容医療に興味を持っているとか……。数字は定かではないにしろ、その関心が次第に高まりを見せつつあるのは、確かなのだと思います。

もちろん、「美容医療にできること」は、時代とともに進化を遂げていて、施術は「より負担なく」、効果は「より自然に」なっていると聞きます。その結果、以前よりもずっと、ハードルが低くなり、気軽に、手軽になっているのではないでしょうか？

一方で、化粧品の発表会に参加すると、「遺伝子」「幹細胞《かんさいぼう》」「ホルモン」に「血管」……と、まさに「医療」と呼びたい理論が目白押し。美容医療に着想を得たアプローチに、美容医療並みの効果実感と、もはや「化粧品にできること」が、美容医療の領域にまで広がりつつあるのを感じます。

また、スキンケアとメイクアップの境界線も限りなく溶け合っていて、ファンデーションでありながら、同時にエイジングケアできる、スキンケアでありながら肌を綺麗に演出する、みたいなものも、もはや当たり前のように存在しています。

しかも、インナーケアや美容機器など、化粧品以外の選択肢もたくさん。美容の可能性は、今や、無限に広がっているのです。

そんな中、決して大げさでなく、「見た目だけ歳を取らない」が叶いつつある。現代を生きる私たちは、「50歳で30歳に見える」をある程度手に入れることが可能な時代に生きているのです。

そこで、冒頭の言葉。

50歳で30歳に見せることが可能になった時代に、どう年齢を重ねるのか。誰もが何でも選べるのだから、30歳の見た目も、40歳の見た目も、50歳の見た目も、もちろん、60歳の見た目だって、自由。１００人いれば、１００の理想形。１００人いれば、１００の顔。見た目年齢を「どう創るか」「どう操るか」「どう魅せるか」に、その人のセンスが現れると言っても過言ではないと思うのです。

――年齢を重ねた顔を愛すること、愛せる顔を創り続けること

「20歳の顔は自然からの贈り物、30歳の顔はあなたの人生、50歳の顔はあなたの功績」というココ・シャネルの名言があります。この言葉に出会った30代のころ、感動しつつも、今思えば、その実感はまだありませんでした。

でも、今は、身を以《もっ》てそれが真実であると確信しています。酸《す》いも甘いも嚙《か》み分けて、受け入れたり、乗り越えたりしながら積み重ねてきた時間を顔から消してしまうのは、むしろもったいないとさえ思うのです。

「私」でなければ辿《たど》り着けなかった「顔」。年齢を重ねるほどに、そう思える唯一無二の人生を目指したいと思います。

CHAPTER

2

朝から爽やかに美人の「空気」をまとうために

本音10「綺麗になりたい。でも、何を変えたらいい？」

肌を出直すなら、「顔を洗う」から

もしあのとき、出会えていなかったら？　もしあのとき、叱《しか》られていなかったら？　もしあのとき、言うことを聞いていなかったら……？　「あのとき」が肌の分かれ道。

ことあるごとに思い出しては、胸をなでおろしています。

編集者として出版社に就職したのが、30歳のとき。美容担当になったのは、それから数年後、おそらく32～33歳だったと思います。

当時、私は、自分の肌が大嫌いでした。今日は肌荒れ、今日は吹き出物、季節の変わり目にはメイクもできないほどトラブルだらけ。生まれつき「こんな肌」なのだから、一生つき合っていくしかない……そう思っていました。

そんなとき、出会ったのが、スキンケアカウンセラーである鶴岡悦子先生。スキンケアについての取材でした。先生は、私の肌を見るなり、ひと言。

「あなたは、自分の肌を愛せていない」

きっと、肌をごしごし擦り、ぱんぱん叩《たた》き、ぐいぐい動かしているに違いない。もとは、健康な肌なのに、自分で「いじり壊している」ようなもの。そして……!

「自分の肌を愛せない人に、美容を語る資格はないと思うの」

ショックでした。でも、でも……先生の瞳と声には、愛が溢《あふ》れていました。この人の言うことを聞いてみよう。肌が変わるかもしれない。私が変わるかもしれない。そんな予感がしたから。

そこで、先生のアドバイス通り、まず「洗わない洗顔」、すなわち、拭《ふ》き取《と》りクレンジングに切り替えました。クレンジングミルクを優しく肌にのばし、ローションを含ませたコットンで優しく拭き取るだけ。

それまで肌がきゅっと音を立てるくらいまで洗わないと気がすまない性質《たち》だった私にとって、正直、初回は「これで、本当に大丈夫?」とかなりの抵抗がありました。

ところが……! 「あれっ? 肌ってこんなに柔らかいものなの?」。それは、初めて経験する肌感触。その興奮と感動が今日明日と続き、1週間、1カ月、とみるみる肌が健康になっていきました。次第に、肌荒れや吹き出物が改善され、あまりトラブルが起こらなくなった……。まさに、私の肌は、顔を洗うことから出直して、「嫌いな肌」から「好きな肌」へと変わり、今なお「好き度数」は上がっています。

そう、若い肌が好きな肌とは限らない。年齢を重ねるほどに肌を好きになる可能性はある。そんな「真実」を知ったのです。

――肌を変えるのは化粧品でなく、触れ方

私の場合は、クレンジングミルクが肌の運命を変えるきっかけになりました。ただ、それは化粧品が変わったから、というよりは、それを通してスキンケアへの向き合い方や肌への触れ方が変わったから。

顔を洗うという行為は、ある意味、スキンケアを超える日常の習慣。だからこそ、その「差」が今の肌、未来の肌を決めます。

肌をいじり壊していませんか？「生まれつき」や「年齢」のせいにして、ぞんざいに扱っていませんか？

もう一度、顧《かえり》みてほしいのです。触れ方が変われば、肌はきっと、応えてくれます。本当に、たった一回で。

本音11「毎朝、どんよりと暗い肌に愕然《がくぜん》とします」

化粧水という「当たり前」を、もっと大切に

化粧水って、本当に必要なのかな?

ここだけの話、じつは、そんなふうに思っていた時期があります。

潤いを補給するなら、美容液のほうが濃密だし、ハリや弾力は、クリームの役割だし。

だから、化粧水はぱぱっと手に取り、ささっと肌になじませて「したつもり」で、はい、終了。このステップをおざなりにしていた時期があるのです。

ところが……?

あるとき、取材で出会ったPRの女性に、こう言われました。

「すりガラスに水をかけると、一瞬、透明になるでしょう? 肌でも同じことが起こるんですよ」

すりガラスの表面に微細な凹凸《おうとつ》があるため、光が乱反射し、不透明に見える。水で濡《ぬ》ら

すと水分がその凹凸を埋め、光が透過して、透明に見えるのだと言います。肌も水分で満たされると、同じ原理で、一瞬、透明になる。肌を瞬時に明るく見せるための、簡単で効果的な方法なのだ、と……。

「お風呂上がりの肌は、明るいでしょう？　それは、肌が水分を含んでいるからなんです」

目から鱗《うろこ》が落ちる思いでした。

当時の私は40歳になったばかり。仕事が忙しかったこともあり、睡眠不足や慢性疲労が重なって、毎日、肌がどんよりとくすんでいるのを感じていました。くすみを何とかしたいと、マッサージをしたりパックをしたり。できる限り肌に「贅沢《ぜいたく》」をさせることばかり考えていたのです。

早速、化粧水のステップに、心を込めてみました。

とろみのある化粧水は、手に取って温めるようにしてじっくりとハンドプレス。さらりと水のような化粧水は、コットンにたっぷり取って、優しくプッシングするように全体に広げ、浸透させます。

すると、瞬時に顔がぱっと明るくなるよう。ワントーンもツートーンも！　化粧水の重要性を、改めて実感しました。

聞くところによると、日本女性でスキンケアを行っている人の99％が化粧水を使用しているというデータもあるのだそうです。私たちにとっては何より「当たり前」のステップ。だからなのでしょうか。その分、おざなりになりがちで「肌を濡らしてつけたつもり」のずぼら派も、「つけ方にムラがある」適当派もいて、その多くが、まったく足りていないのだ、と。そう、当時の私のように。

「瞬発力」が「持久力」になり、明るい顔色へ

そう気づかされて以来、私は、化粧水というステップを大切にしています。

年齢を重ねるほどに、化粧水の「瞬発力」が頼りになると気づかされたから。瞬発力を積み重ねることで、「持久力」も身について、明るい顔色が定着すると気づかされたから。

最近では、その効果を最大限に得るために、ローションパックをすることが増えました。湿らせたコットン2枚に化粧水を含ませて、コットンをそれぞれ3枚に割き、額《ひたい》、顎《あご》に1枚ずつ、両頬《りょうほほ》に2枚ずつぴたりと貼りつけるだけ。意外と簡単なんです。

もちろん、お風呂《ふろ》上がりの肌がそうであるように、肌の水分はそのままだと蒸発してしまいます。乳液やクリームの油分で蓋《ふた》をすることも忘れずに。

本音12「オールインワンは楽。でも……不安」

「丁寧」は、「義務」や「惰性」を超える

ずっと、「オールインワン反対派」でした。

化粧水、美容液、乳液、クリーム、すべての役割を果たす？　洗顔だって、パックだってできる？　そんなに、「手抜き」をしていいの……？　それで綺麗になれるなんて、嘘。そう思っていたのです。

でも、あるとき、友人がこんなひと言。

「化粧水と美容液、とか、美容液とクリーム、とか。もし、混ぜて使ったら、どうなるの？肌が弱いから、あまり摩擦を加えたくない。時間がかかるからというよりは、肌のためにステップはなるべく、減らしたいんだよね」

考えさせられました。思いもよらない視点だったからです。

現代ならではの忙しい生活を送る女性たちに、「時短」という効率を叶《かな》える頼もしい味

方としてはもちろん、デリケートに傾きがちな肌にも、有効なのじゃないか。決めつけていた自分を反省しました。

ときを同じくして、ある美容の大家への取材。

「たったひとつのステップで肌に効果をもたらすのは、至難の業《わざ》。単にあれもこれもと欲張って、美容成分を詰め込めばいいというわけではないんです。しかも、心地よくなくちゃいけない……。大切なのは配合のバランス。進化したオールインワンは、真摯《しんし》な研究によって、緻密《ちみつ》な計算がなされているんです」

――「ひとつ」だからこそ、「丁寧」にできる

冒頭にもある通り、私は基本的に、毎朝毎晩、ステップをきちんと重ねるスキンケアを行っています。

ただ、ふと、それが義務になり、惰性になっている自分に気づかされることもあります。あれっ、そういえば化粧水、塗ったっけ？　美容液、忘れてない？　ということもあれば、ケアをしたことにしたくて、化粧水をぱんぱん叩くように塗ったり、クリームをごしごし擦るように塗ったり、ということもある……。

しかも、年齢を重ねるにしたがって、悩みが増え、その不安を解消しようとスキンケアを欲張って、どんどんステップが増える……。

そんな毎日を繰り返すうち、知らず知らずのうちに、どこか「心、ここにあらず」の状態でスキンケアをしている気がします。そんな自分に後ろめたさを感じているのも、正直なところ。

一方、オールインワンに頼るときは、ステップがたったひとつだからこそ逆に、「ささっ」では終わらせない自分がいます。

手のひらで温める、優しく広げる、じっくりなじませる。なじませてからも、肌全体を手のひらで包み込んで、さらに浸透を促す。

つまりは、ステップがシンプルな分、思いも時間も集中させて、「丁寧」なケアができる。肌も心も含めて自分を癒すという、スキンケアの本来の目的が全《まっと》うできる。

オールインワンのメリットは、ここにあるのではないかと思うのです。

友人が言いました。

「フルコースも美味しい。ワンプレートも美味しい。使い分ければ、いいんじゃない?」

ときに、オールインワン。スキンケアはもっと自由に、それが正解なのかもしれません。

本音13「シワもシミも気になる。諦めるしかない?」

シワを気にする人より、シワを気にしない人

美容通ならずとも、その「朗報」は、耳に届いているのでしょう。それまで医療に限られていた「シワ改善」が、厚労省の認可を受け、ついに化粧品でできるという「夢のまた夢」が実現したというニュース。目尻のシワ、ほうれい線、眉間のシワに額のシワ、首のシワまで……。今まで諦めていた深いシワをも、改善することが可能になったのです。

シワケアはアプローチもテクスチャーも進化を重ね、バリエーションも増えて、もはや美白ケアのようにスキンケアに組み込んでいくのが、当たり前の時代になりました。

もちろん、それらはどれも塗布するだけで、効果を発揮するものばかり。

でも、化粧品会社や美容のプロたちに取材をすると、シワケアをもっと効かせるためには、さまざまなコツがあると知りました。

シワは、言い換えれば、表情の「癖」。まずは、肌が硬くなると、癖がつきやすく、取

れにくいので、きちんと潤いを保つスキンケアを欠かさないこと。

そのうえで、シワケアを施《ほどこ》すときには、シワ＝折れ線を2本の指で押し広げるようにして、線に対して垂直にジグザグと指を動かして、丁寧に塗り込むこと。もちろん、適量を使うのもポイントです。

そして、シワにアイロンをかけるように、手のひらや指の腹でじっくりプレスすること。すると、シワケアの有効成分が届くべきところに届き、効果を発揮するというわけです。

私自身、骨格のせいなのか、肌質のせいなのか、20代のころからすでにシワが定着していて、悩んでいました。目尻のシワが気になって、相手の目をまっすぐ見られない。ほうれい線が気になって、思い切り笑えない。正直、無表情のほうがシワができないのでは？と笑い方をコントロールしたこともあったほど。

だから、シワケアは私のスキンケアのレギュラーステップに加わりました。

そこで、気づかされたことがあります。シワケアは、今あるシワを目立たなくする、未来のシワを防ぐ、という具体的な効果を通じて、相手の目をまっすぐ見られるようになった、思い切り笑えるようになったというもっと大きな効果が得られたこと……。

シワを気にする人から、シワを気にしない人になれた、そんな気がするのです。

――シミを気にする人より、シミを気にしない人

魅力的な大人の女性に出会うたび、ずっと感じていたことがありました。それは、たとえシワがあっても、それに目がいかず、その人と別れたあと、記憶からシワが消し去られているということ。

おそらく、その人自身がシワを気にすることなく表情豊かでいられる、だから、とても自然体。その人らしい魅力がシワを他人の視覚から消し、他人の記憶から消すのではないか、と思うのです。

シミだって、きっとそう。私たちはあっ、ここにもシミが、あっ、ここにも……と溜息をつくけれど、じつは、それを視覚や記憶から消すほどの表情の豊かさを持ったほうが、ずっと美しい残像になる……そう思うのです。

逆説的かもしれないけれど、シワを気にしない、シミを気にしないためにシワケア、美白ケアがあるに違いありません。

毎日、せっせとシワを消し、シミを消し。さあ、明日も笑顔で張り切っていこう。そんな自信と余裕を得るために。

本音14「綺麗な肌の友人と比較しては、落ち込みます」

理想は「綺麗な肌」より「調子がいい肌」

ずっと肌がコンプレックスだった私は、20代、30代のときの肌よりも、40代、50代の肌のほうが、断然好きです。もちろん、老化はしているのだけれど、もしかしたら、今が、いちばんトラブルの少ない「安定肌」かもしれない、と思うほど。

私が恵まれていると思う理由は、ここにあります。若い肌に執着しない理由が、ここに。それは、年齢が綺麗を決めるわけじゃないと身を以て知っているから。「肌は、若いほうがいい」という物差しがないから。そう、「あのころに戻りたい」と、まったく思わないからなのです。

もし、シミもシワも、ひとつもない肌、フェイスラインがきゅっと引き締まっていて、内側からぱっと光が放たれるような肌がもっとも綺麗な肌だと仮定したら、もちろん、若いほうがそれに近づける可能性が高いのは明らかです。

でも、それが不可能であることは、誰もが知っているはず。その理想形に固執しすぎると、スキンケアもメイクも、ただただ苦しくなるだけだと思います。

そこで、目標として定めてほしいのが、「調子のいい肌」。

シワやシミ、たるみやくすみがあるないという視点でなく、のびのびと笑える肌か？という視点で肌と向き合ってほしいと思うのです。

体に例えるのが、いちばんわかりやすいのかもしれません。

「調子のいい体」とは、固まっていない、滞《とどこお》っていない。つまり、しなやかで軽やかで、のびのびと動ける状態でしょう。

肌も同じこと。固まらない、滞らない、しなやかで軽やかが、いちばん。のびのびと笑える状態こそが、調子がいい肌なのではないでしょうか？

そのために必要なのは、何より、毎日の些細な習慣を大切にすることだと思います。栄養バランスの取れた、美味しい食事が調子のいい体を作るように、心地よさを大切に選んだベーシックなステップが調子のいい肌を作る。

そしてもちろん、「運動」「入浴」「睡眠」も、同時に大切にすること。

一見、遠回りのようでいて、それがいちばんの近道に違いないと、年齢を重ねるほどに、確信しています。

——起きたときも眠る前も、「明るい」が指針

「調子がいい」は、自分が心地よく過ごせる肌であると同時に、言い換えれば、周りを心配させない、すなわち、周りをも心地よくする肌なのだと思います。ひと言で表すとしたら、それはきっと、「明るい」肌。

そこで、私は、明るさをひとつの指針に、日々、肌を導くように心がけています。

基本は、入浴や運動で血行を高め、食事やスキンケアで潤いを保ち、睡眠でエネルギーを養う……。

朝目覚めたときも、夜眠る前も、できる限り明るさを作るように、日によってパックをしたり、マッサージをしたり。

スキンケアだけでは明るさレベルが上がらないときには、温タオルで首の後ろを温めたり、耳のツボ押しをしたり、屈伸やストレッチをしたりすることもあります。

年齢を重ねるほどに、肌だけ、顔だけでは、解決しないことが増えます。調子のいい肌をキープするためには、体も心も含めて、全体で捉えることが大切になると自覚しましょう。

本音15「化粧品の『いる』『いらない』の線引きに困ります」

まずは、肌の「声」を聞ける人になる

最新の化粧品にいち早く触れられるという職業柄、周りの女性たちに「化粧品は、何がいいの？」と聞かれることもしばしば。

雑誌の美容ページを読んでも、化粧品カウンターを訪れても、美容好きの友人たちと話しても、魅力的な化粧品が次から次へと誕生していて、知れば知るほど、「あれも必要？」「これも必要？」と焦るばかり。どのように取捨選択したらいいの、と……。

そのたび、「何が不満か？」でなく、「どうなりたいか？」をイメージしてほしいと伝えます。自らの経験で、「化粧品」でなく、「肌」に軸を置くことが大前提だと思っているから。

そのうえで、個人的には、ステップを加えるよりもまず、自分の肌やライフスタイルに合ったベーシックケアをより強化することをおすすめしたいと思います。もちろん、化粧品を変えるだけでなく、ステップごとの「間」をきちんと取って、より肌に浸透させるよ

うに心がけることも必要。

もし、新たなステップを加えるのであれば、スキンケア全体の底上げになるブースター、目周り360度に効果を発揮するアイケア、そして、その構造をきちんと捉えたネック&デコルテケアを。

ただ……。何より大切なのは、原点に戻って、肌の「声」を聞ける人になること。あれがいいと聞けば試し、これがいいと聞けば試し、と揺れ動くよりも、じっくりつき合えるパートナーとしての化粧品と出合って、肌の機嫌を窺《うかが》いながら微調整できる人。その結果、生まれる安定感のある肌が、大人にとっての理想に違いありません。

――狙うべきは、「一発逆転」でなく「底上げ」

ものぐさな私のケアは、基本的にシンプル。クレンジング・洗顔のあと、化粧水、美容液、アイケア、クリーム……と、毎日のベーシックケアを丁寧に行うよう心がけています。

化粧水はコットンと手のひらをとろみ具合や気分で使い分け、化粧水をたっぷり補給したいとき、肌をリラックスさせたいときは、ローションパックにすることもあります。

美容液は、シミ、シワなど特に気になる「悩み」に合わせて選ぶのが理想的。ただ、私の場合は、「萎み」「緩み」によって起こるさまざまなトラブルが絡み合って複合化しているので、マルチに働きかける「万能薬」タイプに頼ることが増えてきました。

エイジングのトラブルが生じやすく、年齢を語りやすい目元は、専用のケアを。その流れで、ほうれい線や口角脇《わき》もケアしています。ちなみに、デリケートな目元、口元は専用クレンジングを使って、できるだけ傷めないよう心がけています。

また、私にとって、何より欠かせないのが、クリーム。手のひらに取って、温めて柔らかくしてから、肌全体に優しく広げるイメージで。そのあとは、手でアイロンをかけるように、肌を両手のひらで覆って、じんわりと肌と一体化させます。

少しでも不調を感じたら、守りのスキンケアに転じ、美容液を省いたりローションを省いたりと、よりシンプルなケアに留《とど》めます。逆に、絶好調と感じたときにこそ、マッサージやパック、集中ケアなど攻めのスキンケアを行って、肌をせっせと底上げします。

マイナスからゼロは胃が疲れたときのようにおかゆのようなシンプルなケアを、ゼロからプラスは日常の食事に当たるベーシックケア、プラスからプラスは、元気なときに楽しむように、贅沢な食事のようなリッチなケアを。肌の声を素直に聞いて肌の気持ちを大切に選べば、きっと応《こた》えてくれる。肌は、年齢とともに育っていくはずです。

本音16「高い化粧品と安い化粧品、何がどう違うの?」

「質より量」「量より質」を、使い分ける

「高い化粧品と安い化粧品、何がどう違うの?」。意外とよく受けるのです、この質問。そのたびどう答えたらいいか、深く考えさせられます。

確かなことは、それぞれに理由があるということ。高い化粧品には、研究、成分、処方などすべてにおいて、最大限の効果を狙うための努力や工夫が込められている。一方、安い化粧品には、効果を大前提に、できる限りコストを抑える努力や工夫が込められている。それぞれに「価格」に見合う「価値」があるのだと思います。

視点を変えてみると……?

例えば、コットンの白Tシャツなら、自分の体型に合うリーズナブルなものを何枚か持ち、さらに毎シーズン買い替えて、いつもフレッシュな印象を保ちたいという考え方もあるでしょう。例えば、カシミアの黒タートルニットなら、それを纏《まと》うだけで自分が格上げ

されるような着心地のよさや美しいシルエットを選び抜いて、じっくり長く着るという考え方もあるでしょう。

もちろん、逆の考え方があってもいい。質より量か、量より質か、場合によって使い分けるのもいい。

決して「消耗品」や「日用品」としてでなく、ともに時間を過ごすもの、肌と触れ合うもの、自分を慈しみ、育《はぐく》むものとして捉えてみると、自分にとっての正解が見えてくるのではないでしょうか？

大切なのは、誰の物差しでもなく、自分自身の物差しで、価値を計り、見極めること。自信を持って選び取り、信じて自分のものにすること。

正解は人の数だけ、肌の数だけある。そう思います。

――「創り手」への敬意を持てると、大人は俄然綺麗になる

職業柄、高い化粧品の「背景」について、直接、取材をする機会に恵まれます。

聞けば聞くほど、引き込まれるのです。

日々、革新を目指して、ときに緻密《ちみつ》に、ときに大胆に研究を重ねる研究者。化粧品の成

分のために希少な植物を大切に育む生産者。それを形にして、ひとりひとりの肌に届けるために関わる、さまざまな人……。それぞれがまるで「我が子」のように、化粧品を生み出し、育てているのがわかる。「創り手」の思いに触れると、価格の意味が見える。

そのたび思うのです。できる限り、創り手の思いを感じ、敬意を持ちながら、化粧品に触れたい、と。

ボトルやジャーの開け閉めがエレガントになります。「指で乱暴に」でなく、「スパチュラで丁寧に」取りたくなります。肌への触れ方を「ぱんぱんっ」から「ふわん」に変えてくれます。浸透するまでの間をじっくり楽しみたくなります。触れるとき、なじませるとき、テクスチャーや香りに夢中になります。自分を慈しんでいる気持ちになります。義務や惰性じゃなく、美容は楽しみだと思えるようになります。

表面的な肌への効果のみならず、これらは内面的に美しさを生み出す効果になりうると思うのです。

化粧品だけではないのでしょう。アートも、服も、食も。創り手の思い＝価格と捉えること。そこに敬意を抱くこと。そんな大人に憧れます。そう思えたとき、大人は俄然《がぜん》、綺麗になれる気がするのです。

本音17「ピーリングはしたほうがいい?」

角質を「悪者」にしないことが、美肌への第一歩

ある女性誌に掲載されていた尊敬する美容ジャーナリスト、齋藤薫さんのエッセイを読んで、はっとさせられました。

「髪も爪も、生きていない細胞にもかかわらず、何より美しく保とうとするはず。それなのになぜ、肌の角質だけは、不要なもの、邪魔なものと思われているのか? 肌の角質も同じように、美しく保つべきなのに……」

要約すると、このような内容でした。

よくよく考えてみると、「あの人、肌が綺麗だよね」「あんな肌になりたい」と言うときに、私たちが「肌」と呼んでいるのは、まさに角質そのもの。つまり、見た目の肌のクオリティを決めているのは、角質のクオリティなのです。

だからこそ、髪や爪に対する思いと同じように、角質にも思いを寄せるべき。髪や爪同

様、角質も自然に剝《は》がれ落ちるまで、大切に扱うべき。

職業柄、それが「真実」であることは、知っていたつもり。でも、でも……！　知らず知らずのうちに、角質ケアは「取り去る」ものという視点が当たり前になり、角質への正しい理解が頭の隅に追いやられていました。角質を取り去るという考え方は、結果、擦ったり剝がしたりしてトラブルが生じる可能性があると、自らの経験から学んでいたのに。

じつは、女性誌の編集部で美容ページを担当するようになってまもないころ、私は大きな失敗をしました。

肌荒れや吹き出物など、いつもトラブルに見舞われていた肌をドラマティックに、スピーディに何とかするには、ピーリングがいい。角質を取り去れば、新しい肌が生まれる、綺麗な肌に生まれ変われる……。

振り返ると、無謀極まりない行為と身が縮む思いですが、何の知識も持ち合わせていないばかりか、肌へのコンプレックスから「なげやり」な心のあり方も相まって、躊躇《ちゅうちょ》なくその方法を選択したのでした。結果は、言わずもがな。

今一度、自分に言い聞かせたいのです。そう、角質は「取り去る」ものでなく、「育む」ものだと……。

肌が綺麗な人は、髪も綺麗、爪も綺麗という真実

角質は育てるもの。そう捉え直すと、理想的な角質は決して表面からのアプローチでは成立しないことがわかります。奥の奥から健やかな肌の生まれ変わりがなされてこそ、叶うものだとわかるはずなのです。

女優やモデルの女性たちは、肌が綺麗であると同時に、必ずと言っていいほど髪も爪も綺麗であること、撮影で誰より肌や髪、爪に負担をかけているにもかかわらず、ダメージを感じさせない状態をきちんとキープしていること、その理由は、日々、奥の奥から健やかさが生まれているからなのだと、改めて思い至りました。

スキンケアだけではないのだと思います。

食事や運動、考え方や暮らしぶりまで。美しい角質はきっと、丁寧な毎日を生きることで育まれるに違いありません。

ファッションやメイク、ヘアスタイルで表面的にごまかすのでない、本物の美しさを持った肌へ。そして、ファッションやメイク、ヘアスタイルが映える、唯一無二の美しさへ。

角質ケアとは、そのためにある気がします。

本音18「知らない間に撮られた写真、『誰？　このおばさん』と思ったら、私でした」

無意識の顔は、10年後の顔、意識の顔は、1年前の顔

「友達の家でのホームパーティで楽しい時間を過ごした翌日、友達がSNSにアップしていた写真を見て、愕然としたの。『誰？　このおばさん』、そう思ったら、まさかの『私』。えーっ、なんて意地悪なの！　こんな写真、載せないでほしかった……」

ある仕事仲間が、冗談交じりに、こう話してくれました。

その場にいた誰もが、もちろん、私も「ある、ある！」。要は、無意識のうちに写真を撮られていて、その自分が10歳も20歳も老けた顔をしていて、ショックを受けたという経験を、皆がしていたのです。

鏡の前に立つとき、私たちは、「いい顔」をしています。

現実を見つめているつもりでも、頬に力を入れ、口角を上げている。じつはこの顔、他人が見たそれとは、違うようです。

―――「静止画」でなく「動画」で、「平面」でなく「立体」で捉える

女性誌のファッションページや美容ページに携わるとき、よく「動きの中で、綺麗な一瞬を捉えた『1枚』にしよう」という会話をします。

結果として、写真は平面だし、静止画に違いないのだけれど、女性の美しさは止まっていない。実際には、動いている立体の中で生まれるものです。それが、触れた人にできるだけ伝わるようにと意識して、1枚を創り上げるのです。

すると、撮影の間中、被写体である女性が、てっぺんから爪先まで、そして顔も体も360度、意識を集中させているのがわかります。

どこから撮影されても、オーラが漂うのは、意識が見えるからなのかもしれません。

もちろん、私たちが生活している間ずっと、「どこから撮影されても」と思う必要はないけれど、今、どう見えているかを想像する力は持っておきたいと思うのです。

じつは、最近になって、どきりとさせられたことがあります。

朝、取材に向かう電車で、たまたま空いた席に座り、メールを確認しようとスマートフォンケースを開けたところ、液晶画面に映った自分の顔に「えっ⁉」。

画面を覗き込んだ私の顔は、眉間にシワが寄り、目の下にたるみとシワができ、ほうれい線がくっきりと刻まれ、口角横が緩んでいて、二重あご、いや、三重あごに、首には無数のシワ……。

見知らぬ人ばかりとは言え、今の今、私はこう見えているのだと思ったら、急に恥ずかしくなりました。

スマートフォンをバッグにしまい、背筋を伸ばして、口角を上げて、周りを見回してみました。すると、私のように無意識の顔をした女性たちがいっぱい……！　これがいつの間にか「自分の顔」になるかもしれないと、自分を戒めました。

以来、「無意識の顔は、10年後の顔、意識の顔は、1年前の顔」と言い聞かせ、周りから見た自分を想像して、意識の顔を「練習」するようにしています。

この話を、あるトレーナーの女性に話したら……？

「意識をしていると、顔も体も、『筋トレ』になるんですよ。頬を上げていたり、背筋を伸ばしたり、お腹を引っ込めていたり。そんな毎日の意識が、特別な運動よりもむしろ『効く』ことがある。そのほうが、綺麗を保てる気がするんです」

大人の綺麗を保つためには、特別な運動よりも毎日の意識。

CHAPTER

3

未来に向け、過去を脱ぎ捨てて今を生きるヒント

本音19「私のメイク、古臭くない？」

「何か」を変える、スイッチになる何かを

こんな話を聞いたことがあります。

百貨店で行われた「スタイリング講座」イベントでのできごと。

観客の女性のひとりが、「私には、どんな洋服が似合いますか？」それに対し、指南役の女性スタイリスト曰《いわ》く、「コスメカウンターで、あなたに似合う口紅を一本、手に入れてきてください。それから、アドバイスしていいですか？」

ノーメイクに見えたのか、それともそのメイクが似合っていないと思われたのか。私には、知る由《よし》もないけれど、女性スタイリストが言いたかったのはきっと、「今よりも、もっと輝けるあなたがいるはずです」ということ。

すると、表情が変わる、姿勢が変わる、印象が変わる、結果、洋服選びが変わる……。一本の口紅で、綺麗へのスパイラルを生むためのスイッチを押してきて、という意味だっ

たのじゃないか。そう想像するのです。

出産や子育て、家事に追われて「綺麗を一時的に休んだ」人。キャリアを積み、求められる立場や責任から「綺麗の理想形が変わった」人。理由はさまざまですが、私の周りの同世代女性たちには、「私のメイク、古臭くない?」と気にしている人が多くいます。ふと気づくと、そういえば、若いころに学んだメイクのまま? と。

でも、どこからどう変えていいのか、わからない。悩みながらも、時間がない、面倒臭い、結局、習慣がつくる「あのころのメイク」を繰り返してる……。

そんな負のスパイラルから抜け出すヒントが、冒頭の話にある気がしました。

たった一本の口紅でいい。たった一本のマスカラでもいい。年齢とか悩みとか立場とか、すべての枠を取り払って、素直にわくわくするものに出会うこと。古臭いメイクを新しいメイクに変えるというより、新しいメイクを一から始めると考えたいのです。

――メイクは、自分で練習するしかない!?

長く伸ばしていた髪をばっさり切ったら、それまで慣れていたメイクに少し、違和感が生まれました。

ロングヘアが持つ「フェミニンさ」とのバランスを取るために、シャープに描《か》いていた眉《まゆ》が、この髪だとどうも強すぎるみたい。

逆に、ショートヘアにしたら、濃密な色、マットな質感の口紅がトゥーマッチにならなかったり、ブルーやグリーンといったカラーのマスカラやアイラインがシックにまとまったり。

ヘアスタイルが変わっただけで、メイクが変わり始めたのです。

すると、面白いことに、今まで着ていたファッションアイテムまでも、リフレッシュされた。「なんとなく着ていた洋服」が「心ときめく洋服」に変わったのです。

ふと思いました。年齢を重ねて、老化や悩みに直面するたび、私たち大人は、どんどん自分への興味を失っているのじゃないか。自分に飽きる、と言ったら言い過ぎでしょうか？

だからこそ、自分を新鮮に見せる何かに、今こそ出合うべきなのでしょう。

私の場合は、髪がスイッチになりました。髪の人もいれば、口紅やマスカラの人もいる、もしかしたら、服や靴の人もいるかもしれない……。

全部を変えなくてもいいのです。スイッチさえ押せば、あとはポジティブな「ドミノ倒し」が起こって、綺麗が広がっていくと信じて。

本音20「似合う服が見つかりません。メイクにも髪型にも迷います」

「素材力」を養えば、「自由度」が高まる

「髪を変えられない人は、人生を変えられない」。そんな女性誌のタイトルにはっとさせられ、思い切って髪を切ったのが30歳のとき。30代の10年間はほぼ、ショートヘアで過ごしました。

ところが、ある日、鏡の中の自分に「えっ⁉」。ぱつんとまっすぐに切《き》り揃《そろ》えた前髪と、くっきり刻まれたほうれい線と。横の直線と斜めの2本の直線が「喧嘩《けんか》」して、互いに強調し合っていることに、気づかされ、愕然としたのです。40歳を目前にしたころだったと思います。

そこで、髪をできるだけナチュラルにして、柔らかい印象にしようと決心。以来、髪を伸ばし、ときにゆるっと巻いたり、ときにひとつにまとめたりしながら、ロングヘアがトレードマークと言われるまで、ずっと同じヘアスタイルを続けていました。

内心、ロングヘアにするまで、年齢を重ねたら「ロングヘアは難しい」と漠然と感じていました。ツヤやハリ、コシがなくなったり、白髪や薄毛の問題が生じたり。髪が老化すると、それを綺麗に保つのは難しいと想像していたから。

そのうえ、私は、生まれつき「多い」「太い」「硬い」、おまけに「うねる」「広がる」と、人一倍扱いにくい髪。

だからこそ余計に、髪を伸ばすと決めてからというもの、できるだけだらしない印象を与えないよう、定期的にヘアサロンに通い、カットやカラーのみならず、トリートメントも重ねてきたのです。エステサロンもネイルサロンも一切、続かない私が。

一方で、髪を伸ばしている間に、今度は、ショートカットが怖くなっていたのも正直なところ。ただでさえ、コンプレックスだらけの髪に、エイジングが加わって、さらに扱いにくくなっているんじゃないか。物理的な重みで抑え込んでいたうねりや広がりが目立つのじゃないか。その結果、急に老《ふ》けた印象になったら、どうしよう？

ところが、実際、勇気を出して決断してみたら……？

「もっと早く切ればよかった」

むしろ、コンプレックスもエイジングも、髪を長くしていたときよりもずっと、気にならない。今までの人生史上いちばん、自分の髪を「愛している」ことに気づいたのです。
もちろん、悩みがなくなったわけじゃない。むしろ増えているのだけれど。

——自分を「素材」と捉えると、すべきことが見える

髪を切ったことで、それまで知らぬ間に作っていた「何か」から解き放たれて、いろいろなことが見えてきました。中でももっとも、大きな「収穫」は、「素材力」の高さが、すなわち「自由度」の高さだと知ったこと。

私の場合、コンプレックスゆえ、髪をプロに委《ゆだ》ね、そのアドバイス通りホームケアを地道に続けたことで、むしろ若いころよりも素材力が高まったのではないか。加齢をしているにもかかわらず、今のほうが好きと言える髪になったのではないか。だから、新しいヘアスタイルも日々のアレンジも今が楽しい。素材力が自由度を高めたのだと思ったのです。

服が似合わない。メイクもヘアスタイルも思い通りにならない。私たち世代の誰もが、ぶつかる壁。そんなとき、もう一度自分を「素材」として見つめ、大切に育んでみてほしいのです。どこか1カ所でもいいから、好きになれるところを見つけて、愛《め》でる。すると少しずつ変わり始める……。本当の「自由」はきっと、そこから生まれるのだと思います。

本音21「自分の顔を、どんどん嫌いになります……」

個性は「コンプレックス」と「エイジング」で研ぎ澄まされる

あるメイクアップアーティストの女性が言いました。

「あまりにも美しい顔立ちの女性がモデルの場合、じつは、気づかれないようにこっそり、眉をアシンメトリーに描いたり、アイラインをアンバランスに引いたりすることがあるんです。すると、不思議なことに、生き生きとした印象になり、人形のような美しさよりも、ぐっと惹《ひ》きつけられるんですよ」

あるフォトグラファーの男性が言いました。

「目尻のシワとほうれい線を写真上ですっかり消したら、じつは、それが誰だかわからなくなることがあるんだよ。シワは表情。表情はその人らしさ。目や口の形よりもずっと、『その人』の顔を作っているのは、シワかもしれないよね」

日々、美人と接している人たちは「完璧《かんぺき》」が美しさの頂点とは、思っていない。むしろ、その人は好きではないと感じているような、弱点だと気にしているようなところに、美しさを見出《みいだ》している気さえします。そんな視点にときどきはっとさせられ、そのたびいけない、いけないと、下向きになった顔を上向きにし、丸まった背中をまっすぐに正すのです。

もし私が、今、弱点や加齢を必要以上に嫌がったり怖がったりしないでいられるとしたら、それは、こんな仲間たちがいるから。コンプレックスも仕方ないじゃない、エイジングも仕方ないじゃない、それがあなたにしかない個性なんだよ、間接的にそう言ってくれる愛すべき周りの人たちのおかげだと思うのです。

「そんなことないよ」と言わせない責任

美しい大人たちに出会うたび、気づかされます。

それぞれにコンプレックスを抱え、エイジングを怖がり、まったく気にしていない人など存在しないということ。それらを自分なりに受け止め、寄り添ったり笑い飛ばしたりしているということ。もちろん、とことん努力して克服している場合も含めて。

コンプレックスやエイジングが心の機微を生み、その人にしかない魅力を深めているのだと、確信させられるのです。

スキンケアやエクササイズを続けて、できる限り、自分が思う理想を追求するのもあり。服やジュエリー、メイクやヘアスタイルの力を借りて、「長所」を強調し、「短所」をカモフラージュするのもあり。これはかなりの上級者向けだと思うけれど、コンプレックスやエイジングを逆手にとって、だからこそぴたりとはまるファッションやメイクを見つけるのもあり。

いずれにせよ、向き合い方にまた、個性が現れる。こうして工夫を重ねることで、唯一無二の自分ができあがっていく。それが実感できて初めて、自分を好きになれるのかもしれません。

「どうせ私なんて」が口癖になっている人は、その先に、周りからの「そんなことないよ」を期待しているのだと言った人がいました。確かに。大人になったらもう、そう言わせない自分でいなくちゃ。そんな責任がある気がしてならないのです。

ふと、憧れの女性に「品格ある大人の女性の定義って？」と聞いたことを思い出しました。返ってきた答えは、「自分を過大評価しない人、一方で、自分を過小評価もしない人」。つまり、自慢するでもなく、卑下するでもなく、自分自身を正しく愛している人なのだ、と。それこそがきっと、これからもずっと、美しい大人の条件に違いありません。

本音22「絶好調のつもりなのに『疲れてる？』と言われるのは、なぜ？」

真実は、「正面顔」より「横顔」が語り出す

「今日は肌、結構、いい調子じゃない？」

そう思った日に限ってなぜか「忙しい？」「疲れてる？」「寝てないの？」と言われる……。ほんの少し自信があっただけに、そのぶん、がっかりします。

褒められたいなどと大それたことを考えているわけではないのだけれど、せめて、心配されない顔でいたい。

残念なことに、年齢を重ねるほどに、そんな日が増えてきました。

さまざまな理由があるのだと思います。肌は「そこそこ」のつもりでも、眉間にシワが寄っているとか、髪がまとまっていないとか、背中が丸まっているとか。

そして、取材を重ねる中で「あれっ、もしかして？」と思ったことがあります。

それは、資生堂のカリスマ研究員、江連智暢《えづれとものぶ》さんに聞いた「『正面顔』と『斜め45度顔』

では、年齢印象にギャップがある」という事実。

つまり、「自分目線」が捉えている正面から見た顔＝「自分目線」が捉えている顔よりも、斜め45度から見た顔＝「他人目線」が捉えている顔のほうが、老けて見えるというのです。

その差は、「影」のでき方にあるそうです。

ほうれい線や目の下のくぼみ、フェイスラインのもたつき、目頭《めがしら》から頬に伸びるゴルゴライン、口角から下に伸びるマリオネットライン……。

友人の顔を観察してみて、なるほど、と思いました。確かに。正面顔ではさほど目立たないのに、斜め45度から見たら、よくわかる！

冒頭の「忙しい？」「疲れてる？」「寝てないの？」と心配される理由は、ここにあるのではないか、そう思ったのです。

そういえば……！　三面鏡に偶然映り込んだあの顔にも、知らぬ間に撮影されていた写真のあの顔にも、「誰、これ？」と思ったことがあったっけ？

疲れ印象、老け印象は、思わぬ「魔の角度」からやってきていたんです。すなわち、それは、自分が気づくよりも先に、周りのほうが気づいていると言っても過言ではないということ……。これもまた、大きな大きな、大人の壁に違いありません。

何歳からでも育つ「表情筋」に目を向ける

そこで、始めたいケア。それは、不機嫌顔への対処法同様、表情筋へのアプローチです。最近では、表情筋に働きかける美容機器もありますが、それに頼らずとも、鍛えることができると聞きます。私が参考にしているのは、資生堂の「フェースマッスルプログラム」。とてもシンプルなプログラムながら、実際行ってみると、たった1回で、ぽかぽかしてくるみたい。普段どれだけ自分が表情筋を動かしていないかを、思い知らされます。

タイミングは、肌が潤っている「スキンケアの最後」が理想的とのこと。加えて私は、入浴中、湯船に浸かりながら、リラックスして。朝、表情が固まっていると思ったら、鏡の前で。日中、仕事が思うように進まないときはパソコンに向かいながら。気づいたときに、いつでもどこでも。

他人目線で見たときの効果は確かめようがないのだけれど、少なくとも、凝り固まっていた筋肉が解《ほぐ》され、表情を作りやすくなった気がしています。

もちろん、スキンケアによるたるみケアやシワケアも、有効。塗るときに、斜め45度顔を意識しながら使うと、さらに効果が発揮されるはずです。

本音23「力を込めると派手すぎる、力を抜くと地味すぎる、メイクの正解がわかりません」

目指したいのは、「居心地のいい肌」「居心地のいいメイク」

年齢を重ねるほどに、メイクの正解がわからなくなる……。

周りの同世代たちと会話をするたび、よく話題に上ります。

目力が弱まるから、アイラインが欠かせない、マスカラが欠かせない。顔の印象がぼやけるし、トレンドも意識したいから、濃い口紅に挑戦してみよう。ところが、力を込めすぎると「派手」と言われて、かえって老けて見えるみたい。

一方で、時代の波に乗って、できるだけナチュラルに、エフォートレスにしたいと力を抜いて、ファンデーションを最小限にしたり、ポイントメイクを薄めに抑えたりすると、途端に疲れた印象になり、「地味」と言われる……。

大人のメイクは、なんと悩ましいのでしょう！

私自身、失敗した経験は数知れず。今もときどき、出かけてから「しまった！」と思うことがあります。

自分の顔を「実験台」に正解を模索するのは、これからもずっと続くのだと思います。なぜなら、顔は毎日違うから。年齢とともに、ずっと変化し続けるものだから。

そのうえで、心がけているのは「居心地のいい肌」「居心地のいいメイク」です。

ここで言う居心地がいいとは、元気そうに見える、人の目をまっすぐ見られる、メイクって楽しいと思える……。そんなシンプルなこと。自分にとって居心地がいいことが、相手にとってもきっと居心地がいいはず。大人になるほどに、そう確信しているのです。

「見せる生き生き感」×「見せない線」×「遊び心」

まず、「生き生き感」を見せる工夫。生き生き感のために必要なのは、ツヤ、ハリ、血色。

メイクアップのワンステップのように、スキンケアを十分に行っておくことが大前提です。

ファンデーションは中心部から外側に向かってフェイドアウトさせるように薄く薄く広げ、大きめのスポンジで余分をオフ。シミやクマなど隠したいポイントは、ファンデーションをさらに薬指に取って、叩き込むようになじませることで、ファンデーションを最小限に抑えます。

チークで血色を仕込んだら、フェイスパウダーでふわりと纏う。そして、両手のひらで顔全体を包み込み、肌と一体化させる「間」を取ります。

さらに、頬の高い位置からこめかみに向けて、ハイライトを入れること。すると、ツヤ、ハリ、血色が一気に際立ちます。

次に、「線」を見せない工夫。線とは、目の輪郭。アイラインとマスカラで線に見えない線を作ります。

リキッドもペンシルも、アイラインを引くのが苦手な私は、濃いアイシャドウを綿棒の先に取り、まつ毛の間を埋めるように「スタンプ描き」しています。そうすれば、線に見えない柔らかい線ができあがります。

ビューラーはあえて使わず、繊細なマスカラをつければ、アイライン効果も生まれ、目の輪郭が際立つのに加え、黒目がちに見えるというメリットもあり。

そして、最後に足したいのは、余裕を感じさせる「遊び心」。口紅、アイライン、マスカラ。どこかひとつに、「色」を感じさせると、心が躍り、表情が華やぎます。

自分が自分らしくいられるという居心地のよさが見つかればきっと、メイクはもっと楽しくなるはずです。

本音24「急に、今までのヘアスタイルが似合わなくなったみたい」

ヘアスタイルの違和感でわかる、老化とのつき合い方

ずっと気に入っていたヘアスタイル。それなのに、最近になって急に、なんだか思うように決まらなくなってきた……。そんな友人が増えてきました。

この「なんだか」という「違和感」こそが、老けのサインなのかもしれない、と思いました。「変わらない髪型」が「変わった自分」を教えてくれているのではないか、と。

何を隠そう、私自身がそうでした。

15年近く続けてきたロングヘア。長さや色、シルエットの「マイナーチェンジ」はちょくちょく加えてもらっていたものの、それは、周りには気づかれない程度の微々たる変化。特に、顔周りはいつも同じ印象でした。

いつのころからか、私もなんだか「？」と思うようになりました。違和感が、いろいろな方向からやってきたのです。

まず、頭そのものの形。もともと髪一本一本が太く硬く、量も多いので、根元が自然に立ち上がっていたのですが、いつのまにか、以前よりもぺたんと潰《つぶ》れて、頭頂部からAラインを描いていたはずの頭の形が、スクエアに見えるようになっていました。

次に、髪の分け目。カラリングして2週間くらいまではいいのですが、3週目に差しかかったころから、白髪《しらが》が目立ち始め、白髪と頭皮の「白」が掛け合わされ、分け目が広く、つまり薄毛に見えるのです。

また、よりうねりがひどくなってきたからか、ツヤがなく、広がりやすい。特に、湿気の多い日は、「ぱさっ」「ぼわん」とした印象になっていました。

ひとつにまとめると、生え際、特に額の中央あたりが切れ毛になっていて、「後れ毛」のはずが「疲れ毛」に見える……。

一方、顔や肌にも違和感が生じていました。

顔に添う髪の直線が、緩んだフェイスラインの曲線と、合っていないみたい。髪を耳にかけると、額がスクエアに見えて額のシワが目立つし、生え際に白髪が目立つと、肌色がくすんで見える、と言った具合に。

ヘアスタイルという「額縁」が同じでは、このように知らず知らずのうちに変化をしている顔という「絵」が綺麗に見えない……と気がついたのです。

顔の変化に寄り添う、ヘアスタイルにシフトすること。それも大人を綺麗に見せるテクニックだと思います。

――ヘアスタイル更新とともに、頭皮ケア、ヘアケア、スキンケア

私たちは知っています。大人になってからのロングヘアは、難しい。大人になってからのショートヘアも、難しい。カラーもパーマも、老ける場合があるってこと……。

いちばん、手っ取り早いのは、信頼できるヘアスタイリストと出会うことだと思います。顔そのものや、肌質、髪質の変化までも理解して、今の自分を生かす、そして、手間やテクニックなしに毎日決まりやすいヘアスタイルの提案をしてくれる人と出会えれば、印象には雲泥の差が生まれると思います。

その一方で、重要なのは、頭皮ケア、ヘアケア、スキンケアを毎日地道に行うこと。自分という素材をできるだけ若々しく健やかに保てれば、ヘアスタイルの自由度は広がります。もちろん、ブラッシングをしたり分け目を変えたりするのも、自由度を高めるために効果的。ヘアスタイルの幅=楽しさの幅。きっと、毎日のクオリティが違ってくるはずです。

本音25「眉間のシワ、ほうれい線……美容医療に頼るほかない？」

年齢を重ねるほどに、肌は感情を記憶し、記録する

ある美容の大家にインタビューをしたときのこと。

「若いころはね、肌にハリと弾力があるから、品のない笑い方をしても思い切り不機嫌になっても、怒りや不満を頻繁に口にしても、その表情を『跳ね返せる』の。ところが、年齢を重ねることによって、肌がハリと弾力を失って、柔らかくなるから、表情の『跡』がどんどん肌に残っていく……。つまり、よくも悪くも、肌が日々の感情を記憶し、そのすべてが顔に記録されていくのよ」

緩んだ肌には、シワやたるみが刻まれやすい。シワやたるみは、見方を変えれば、感情の跡でもある……。

持って生まれた顔は、日々抱く感情が変えていくもの、創り上げていくもの。そう思ったら、自分は今、どんな顔をしているのだろうと、とても気になりました。

——感情のマネージメントで、今日も「いい顔」作り

感情を記憶しない、記録しない肌を作るエイジングケアは、もちろん、大切。

でも……！　健やかな肌、穏やかな表情、つまり「いい顔」を創るために、何より大切なのは、ストレスフルな感情と上手につき合う心がけなのじゃないか、とも思うのです。

人間である以上、ネガティブな感情を抱かないのは不自然だし、不可能。ネガティブな感情は生きるために必要なことと認めたうえで、大人は、その感情を自分なりに飼いならす「マネージメントスキル」を持っていたいと思います。

ネガティブな感情を抱くシーンに出くわしたときに、私が心がけていることは3つ。

まずは、深呼吸をすること。いらいらしたり、あたふたしたりするときは、呼吸が浅くなっているもの。私の場合、ほんの数秒だと思いますが、息を止めていることさえあります。そんな時は、息を吐けるだけ吐いて、大きく息を吸う。3吐いて、1吸う、の比率、間隔でゆっくりと。すると、凝り固まっていた表情や姿勢がすーっと緩んでいく気がします。

次に、空を見上げること。澄み切った空はもちろんですが、どんよりと曇った空も、霧で白くなった空も、どんな空であっても、今の自分がちっぽけであることを教えてくれる。

なんとかなる、そう思えるのです。

そして、意図的に、口角を上げ、目尻を下げること。たとえそれが「作り笑い」であっても、脳は「心地いい」と勘違いすると信じて。

怒りや苛立ち、不安がすっかりなくなるわけではないけれど、ほんの少しだけ和らいで「いけない、いけない」「ああ、もったいない」「はい、次」と思えるようになるのです。

さらにもうひとつ、自分の感情とつき合うために、毎日、心がけていることがあります。それは、メールの締めくくりに、最後の挨拶文を添えること。

メールは、声や文字の温もりが伝わらない分、どこか事務的になりがち。だからこそ、天気や季節、気分について、少しだけ、触れたいと思うのです。そして、「今日もいい一日を」という一文に繋げるようにしています。

仕事でもプライベートでも、謝罪だったり苦情だったり、なんとなく言いにくいことを伝えなくてはならないシーンがあると思います。そんなときにも、「今日もいい一日を」という着地点があると、感情がむき出しになることがない。多少なりとも言葉が柔らかく温かくなる気がするのです。

美容医療を選択する前に、いい顔に近づける毎日を。きっと顔が変わります。

本音26「同窓会で『変わらないね』が嬉しい、『若いね』なら最高！」

同い年が集まる場の「大人ならではの綺麗」

「変わらないね」、いや、できることなら「若いね」と言われたい。

老けて見られるのは、絶対に嫌。でも、若作りと思われるのも、嫌。ドレスアップしすぎてもだめ、カジュアルダウンしすぎてもだめ。日々、惰性でしているような普段着のメイクでは物足りないし、そうかと言って、晴れの日のメイクみたいに力が入りすぎるのも、やっぱり違う。

自分をどう見せるべきかと、服に迷う、メイクに迷う……。

女性たちにとって、「同窓会」はなぜこうも、特別な場なのでしょう？　しかも、その「特別」が、年齢を重ねるほどに、色濃くなっていくのは、なぜなのでしょう？

数年前、実際、大人の女性たちが同窓会にどんな自分で行ったらいいのかわからないという声が多いと聞いて、「同窓会顔の作り方」というテーマを企画、展開した経験があります。

その際、プロたちに取材をした結果、共通していたのは、『『誰もが同い年』なのだから、『若作りしたい欲』をきっぱり捨てるべき」ということ。大人ならではの綺麗にベクトルを向けて、服やメイクを考えるのが正解という結論でした。

そして、そのとき、指南役を務めてくれたメイクアップアーティスト、佐々木貞江さんに聞いた、「同窓会メイク」の4つのポイントには、じつに説得力がありました。

まず、「肌を白く作りすぎない」「眉尻、目尻、口尻を下げない」というふたつのポイント。

シミ、シワ、くすみ、たるみ……。つまりは、老化＝顔に「影」ができること。

無意識のうちにそう感じている私たちは、どうしても、肌をワントーンもツートーンも明るくしたいと、ファンデーションや下地の力を借りて、白く仕上げてしまう傾向にあるといいます。

眉尻、目尻、口尻……下がった顔印象をリフトアップさせたいとつい、上げて、上げて、上げて、と躍起になりがち、とも聞きました。

つまり、「すぎる」とかえって、「足りない」を目立たせる。隠したい、ごまかしたいという気持ちが強すぎると、「どんより影」「下がり印象」を目立たせることにもなりかねない、というのです。

そして、あとふたつのポイント、「血色と体温が透けるほの、ピンク、を仕込む」「5分の3程度に抑えたツヤ印象にする」は、血色、体温、ツヤをことさら主張しすぎることなく、奥の奥に感じさせるという提案。

これらも、「すぎる」と「足りない」の境界線にある「ほどよさ」に、大人の生き生きとした印象が宿るのだと教えられました。

理想は、年齢による変化に寄り添いながら、ほんの少しだけ「味つけ」をする程度に抑えること。「さじ加減」にこそ、センスが現れると知ったのです。

生き生きとした表情と動きこそが、大人の理想形

こんな話を聞きました。美容医療の目的のトップである「シミ治療」。男女問わず、同窓会をきっかけに決断する人が意外と多い、と……。

同窓会は、皆、同じ年齢だからこそ、それまでどう生きてきたかの「差」が見えるところ。生き生きとしている＝幸せな時間を積み重ねてきた証し。だから、綺麗でありたい、若々しくありたいと願うのでしょう。でも……。「幸せそうに見える」より「幸せである」ことに価値がある。そんな本質を見失わないでいたいと思います。

本音27「メイクをしないと老ける、メイクをするともっと老ける……」

「肌」と「眉」を、思い切って「新調」する

スキンケア同様、メイクアップアイテムの進化には、目を見張るものがあります。

親しいある女性メイクアップアーティストは、「『新しい顔』になりたいなら、『新しい化粧品』を使うだけでいい」と断言します。

特に、肌も眉も、「時代」が如実に現れるところ。だからこそ、もし、どうしてもメイクが上手くいかない、メイクをすると、ノーメイクよりももっと老ける、という悩みがあるのなら、肌と眉は、新しい化粧品を買いましょう、と言いたいのです。

まず、肌を作るファンデーション。

最新のファンデーションは、まるで素肌のように見せる「透明感」と、シミやくすみなど気になるトラブルをカモフラージュする「カバー力」、いわば、「相反する効果」の両立は、大前提。しかも、光の効果を利用して、高いところは高く、低いところは低く見せる

「立体感」と十分にスキンケアをしたあとのような「生命感」も、いとも簡単に演出してくれる。テクニックなしでも、ファンデーションを塗るだけで、印象が洗練されるクオリティのものが揃っているのです。

だから、リキッドでもクリームでも、パウダリィでもクッションでも、心地よさと使いやすさで選んで間違いなし。それほどまでに、ファンデーションは進化を遂げています。

一方、眉を作るアイブロウアイテム。

アイブロウペンシルかアイブロウパウダーかの「二者択一」という時代からは、大きく進んでいます。

ペンシルは芯の形がいろいろだったり、パウダーはグラデーションが増えたり。そして、アイブロウリキッドやアイブロウマスカラも常識になり、色や質感のバリエーションも増えています。また、コームやブラシなど、眉作りをサポートする道具も充実。

眉を簡単に、上手に描けるよう、とても進化しているし、きりりとさせたり、ふわんとさせたりと自由自在にイメージをコントロールすることもできます。

肌や眉に対する自分の「常識」や「ルール」を一度リセットして、頭を柔らかく、新しいものに委ねてみてほしいのです。

「違和感」に出合えたら、しめたもの。それが、新しい顔の「兆《きざ》し」に違いないのだから。

肌と眉を変えるために……「髪」を変える

そうとはいえ、肌も眉も、顔の印象を決める重要なパーツ。裏返せば、変えるのにとても勇気がいるのだと思います。

もしそうなら、肌と眉よりも先に、「髪」を変えてみてほしいのです。

思い切って新しいスタイルやカラーに挑戦するのでもいい、前髪を切ってみたり、毛先を巻いてみたりするだけでもいい、もしかしたら、分け目を反対側にするだけでもいいと思います。すると、肌や眉とのバランスがそれまでと違って見えるはず。

私の場合は、最近、髪をロングからショートにしたことで、それまでの顔に違和感が生じて、日常の肌と眉を変えました。

髪がカジュアルになったから、肌は、ほんの少しだけセミマットにして女っぽく。髪がシャープになったから、眉は、ほんの少しだけ柔らかい印象に。

何かを変えることで、肌も眉も「動く」。自分や時代との「チューニング」がしやすくなると思います。

CHAPTER

4

下り坂を知ると、女性はもっと美しくなれる

本音28「年齢を重ねるのが怖いんです。眠れなくなることもあるくらい」

古くなるほどに価値が増すものを、傍《かたわ》らに

職業柄、素敵な大人の女性たちに取材でお目にかかる機会に恵まれます。そのたび、状況が許せば、こんな問いかけをしています。

「年齢を重ねるのは、怖いですか？」

次第に変わっているとはいえ、まだまだ「若さ至上主義」の感がある我が国日本だからこそ、余計に聞いてみたい、そう思うのでした。

大概の場合、答えに至るまでに多少の間があり、結果、「怖い」でも「怖くない」でもない答えが返ってきます。怖くないと言ったら嘘になる、ただ、怖いわけでもない。だって、それを超える「素敵なこと」があるんだもの……。きっと誰しも、複雑な思いなのだと思います。

選び取る言葉や発する声のトーン、視線の向け方や間の取り方はひとりひとり違うけれ

ど、その返答にはとても「厚み」があるような気がするのです。

ひとつ年齢を重ねるのは、誰しも初めての経験。未知のことだから、怖い。きっと皆、同じなのだと思います。

それ以上のことに目を向けられるか否か。その視点を持てるか否か。それが、怖いと怖くないの狭間《はざま》にある、温かくて深い「何か」を育む気がするのです。

私の場合、怖いという感情を和らげてくれるきっかけとなったのは、意外なことに、リビングのソファでした。

引っ越したばかりのときに、清水の舞台から飛び降りるつもりで購入したオレンジブラウンのレザーのソファ。座ったり寝転がったりしているうちに、どんどん風合いを増してきました。新しいときよりもずっと、表情豊かで、鈍いツヤが増している……。自分の中の物差しではあるけれど、時間が経つほどに価値が増していくものに出会えて、「私もこうありたい」と素直に思えたのです。

ほかにもありました。レザーのブルゾンも、そう。母からもらったパールも、そう。ほんの少し背伸びをして買った自動巻きの腕時計も、そう。

年齢を重ね、失うものばかりに目を向けがちだけれど、そうじゃないことがあるじゃない？　と思えるようになったのです。

単純すぎるでしょうか？　でも、古くなるほどに価値が増すものを、日々、傍らに置いておくと、年齢を重ねることの楽しみや喜びや豊かさに重ね合わせることができる。「それ」に愛を注ぐことが自分への慈しみのようにも思えてくる。

そして、少しずつ、余裕と自信につながっていくような気がするのです。

――楽しそうな大人といること、楽しそうな大人になること

素敵な女性たちが共通して言うのは、「周りの大人たちが、あまりに楽しそうだから、大人になることが怖くなくなる」ということ。仕事も遊びも全力で楽しみ、自分らしく人生を歩んでいる大人が周りにいるから、自分もまだまだこれからと思えるのだと言って。

楽しそうな大人の周りには、楽しそうな大人が集まるのでしょうか？　ひょっとしたら、楽しそうな大人と一緒にいると、周りもいつしかそうなるのかもしれません。

ラッキーなことに、私の周りにも、いますいます、たくさんいます。私たちが年齢を重ねるのを怖がらないですむ社会を作るためには、私たちが楽しく生きること。楽しそうな大人になること。きっと、日本の価値観を変えるのは、楽しそうな大人たちなのだから。

本音29「白髪を黒く染め続けるか、思い切って白髪のままにするか、迷っています」

肌、体、心の「あり方」に髪色を寄せる

シミもシワも気になる、くすみもたるみも、もちろん、どうにかしたい。ただ、肌の悩みは、スキンケアやメイク、表情など、ある程度「ごまかす」ことができるとも思うのです。

ところが……！　白髪だけは、本当に悩ましい。文字通り、「あなたはもう若くないんですよ」と、「白黒」はっきりつけられる、みたいな気がするのは私だけでしょうか？

まさに私も、黒く染め続けるかありのままにするか、ことあるごとに「行ったり」「来たり」、ひとり、思いを巡らせています。

周りに「どう思う？」「これからどうする？」と意見を求めることも、しばしば。すると……？

例えば、50代の女性曰く、「思い切ってカラリングをやめて、白髪とつき合っていこうと決心したの。そうしたら、主人が『お願いだから、染めてくれよ。まるで俺が苦労をさ

せているみたいじゃないか』って」。

例えば、30代の女性曰く、「もし、母が白髪を染めるのをやめると言い出したら、私、絶対に、猛反対します。せめて私が結婚するまでは、お願いだから、黒髪でいてほしい、若々しくいてほしいって」。

例えば、40代の女性曰く、「同窓会に行って、白髪混じりの同級生と遭遇したとき、思ったの。何か大変なこと、あったんじゃない？　って。とても疲れているように見えたから。もちろん、本人には言えなかったけど、ね」。

最近では、ありのままのグレイヘアをお洒落《しゃれ》として楽しむ大人の女性も増えていて、それはそれで憧れるけれど、やはりグレイヘアをこなせるのは、ずば抜けて格好いい人だけ。私も周りも、どうにも「一歩が踏み出せない」というのが、正直なところです。それは、自分にとってのネガティブなイメージを心のどこかで拭いきれないからなのかもしれません。

周りとの会話から、見えてきたひとつの答えがあります。それは、髪色は、肌や体、心の「あり方」と合わせるのがいちばん、トータルにバランスがよく見えるということ。

私たち世代は、体、心ともにとてもエネルギッシュでパワフル。肌も、丁寧にケアを続けてきた人ほど、ツヤとハリに満ちています。だから、髪色を持って生まれた色に近づけるのが、バランスよし。

私同様、白髪への移行をもう少し先延ばしにしたいと考えているなら、月に一度のカラリング、分け目や生え際のリタッチを適宜。それがいちばん、今のあり方とフィットするのかもしれません。

素敵な白髪を目指すなら、ヘア&頭皮ケア、服もメイクも全力で

肌がいい意味で「年甲斐」を刻み始めたら、若々しい髪の色がかえってそれを悪目立ちさせる場合があるとも思います。

私のように迷っている人にとっては、きっと、そうなったときが、「白髪適齢期」。

でも、「ほったらかし」では、決して素敵な白髪にはなれないのだと思います。

素敵な白髪の条件は、毛量、ツヤ、ハリ、そして透明感。だからこそ、ヘアケア、頭皮ケアはきちんと続けるべきだと思います。

そして、服もメイクも、全力で楽しむこと。

私の憧れは、アメリカ人スタイリスト、リンダ・ロディンさん。「白髪を楽しむ」と言うあり方が圧倒的に格好いい！　いつか、いつか、私もそうなれたらとわくわくするのです。

本音30「大人になったら、自分の香りがあるものと思っていたのに……」

「人」に近づくために選ぶ、それが「私」だけの香りになる

世界的に有名な調香師、ジャン＝クロード・エレナさんにインタビューでお目にかかったことがあります。品と清潔感に溢れていて、それでいて人間的な色気に満ちている。会う人会う人、皆ファンになると聞いていましたが、その理由がわかりました。

「香りとは、ずばり、何ですか？」と聞くと、こんな答えが返ってきました。

「相手に近づくためのもの。香りは誰かのそばに行くことを考えながらつけるでしょう？その匂いが好きだから近づくし、嫌いだったら近づかない。それが実際には、目に見えない作用として起こるから、面白い。つまり、人間関係において、香りはとても重要な役割を果たすんです」

改めて言葉にされて、どきりとさせられました。そうだった。香りに憧れを抱いたとき、香りを初めて纏ったとき、「誰か」に近づきたくてつけたんじゃなかったっけ……？

恋愛は言わずもがな。ただ、それだけでなく、家族や友人、仕事や趣味の仲間、そして、身近な人たちから波及して、これから縁が生まれるかもしれない、初めて出会う人にも。香りがあれば、それぞれの間柄に、いい「空気」といい「距離」が生まれる。関係性がよりスムースになったり、温かく深いものになったりするのだと確信しました。

もし、香りを休んでいるなら。もし、これという香りに出合えないでいるなら。「人に近づきたい」と思うことから始めたい。そう思うと、なんだかわくわくしてきませんか？

自分が心地いい、相手も心地いい

香り選びの正解が、人に近づくための香りだとしたら、それはすなわち「自分が心地いい、相手も心地いい」こと。

例えば、家族の中心にいる日常の香りなら、自分自身も家族もほっとする香りがいい。部屋の空気やルームウェアともなじむものがいい……。

例えば、気の置けない女友達と食事に行くなら、ほんの少し、高揚感が得られるほうがいい。時間や場所、シーンに合わせて、まるで洋服を選ぶように、纏いたいと思うのです。

いずれにせよ、自分の心地よさは大前提。いろいろと試す中で、「居心地のいい」香りに共通して入っている要素を探すと、香り選びがよりクリアになると思います。

また、これという香りに出合えたら、フレグランスを中心に、ボディシャンプーやボディクリーム、ボディパウダーやヘアミストなど、アイテムをいくつか揃えて、「レイヤー」して調整することをお勧めします。

家にいるときは、ボディシャンプー&ボディクリームだけで十分。近所に出かける程度、あるいは真夏の最中《さなか》、あまり香りを強めたくないときなどは、ボディパウダーを重ねるくらいがむしろ、好感度大。そして、仕事や食事など、きちんとした場に出かける前にはフレグランスを重ね、出先ではメイク直しと一緒にヘアミストを纏う……といった具合に。

なお、フレグランスは一般的に、賦香率《ふこうりつ》（香料が含まれる割合）が高い順に、パルファム、オードパルファム、オードトワレ、オーデコロンに分類されています。濃度が高い＝アルコールを含む割合が少ないので、近くの人により強く長く香る。濃度が低い＝アルコールを含む割合が多いので、遠くに届くけれど長持ちはしない。つまり、香りの濃さによって、距離や時間も決まるということ。それも計算に入れて選びたいものです。

すべてを含めて、人に近づく香り選びができる大人になりたい。香り上手は心地いい空気と距離を知っている……。だからこそ、いい女なのだと思います。

本音31「予測できないホットフラッシュに、悩まされています」

大好きなエッセンシャルオイルの香りを味方に

長く愛用している100%ナチュラルとオーガニックのエッセンシャルオイルがブレンドされた頭皮用のオイルがあります。

ビロードの「アーバンアーユルヴェーダ‐CD（カウントダウン）」。ずっと通っているヘアサロン、AMATAで出合って以来、つねに傍らに置き、ドライヤーで髪を乾かす前や、朝メイクをする前など、頭皮をマッサージするときに使っています。

このオイルには、ローズマリーやユーカリ、レモングラスなど、私の大好きな香りがぎゅっと詰まっています。

頭皮に数滴垂らして、ゆっくりマッサージするだけで、頭や目がクリアになって、リフレッシュしたり、リラックスしたり。私にとっては「ここに帰りたい」と思えるほど、安心感と高揚感のある香りなのです。

じつは、この香り、よく褒められます。

カフェで打ち合わせをするときに、撮影中や取材中のふとした瞬間に、たまたま立ち寄ったセレクトショップで、そして、夜、食事に行ったときにも。

「あれっ、なんだかいい匂い」「この香水、どこの？」……。よくよく聞いてみると、みんな、このオイルの香りに反応してる。自分にとっては日常になっている香りが、周りには新鮮らしく、そんなふうに聞かれる機会がとても多いのです。

そう言えば……？

このオイルで頭皮をマッサージして出かけた日、歩いたり動いたりして体温が上がったときに、頭皮の奥の奥に溶け込んでいた香りが再び柔らかく空間に漂う。その香りが、周りの人たちにまで届いていたのです。

フレグランスとはまた違う、ピュアなエッセンシャルオイルの香りとその独特な香り方が、周りをも心地よくすると気づいたのです。

そして、もうひとつ、気づかされたことがあります。

遅刻しそうと電車に走り乗ったときや、急ぎ足で待ち合わせ場所に着いたときなど、焦りがちなシーンで顔がほてると、よりふわんと香るような……。

そうだ、裏を返せば、これって、揺らぎのサインに見舞われがちな私たち世代を救う、ひとつの方法なんじゃないだろうか……。そう思ったのです。

香りの「お守り」がもたらす、安心感と快感

例えば、ホットフラッシュ。

突然、体が熱くなる、顔が紅潮する、汗が止まらない……。そんな「焦り」の瞬間に、ほてりやのぼせがスイッチになって、頭部からふわんと好きな香りが漂うと、不快感や不安感が半減するもの。同時に、周りに、必要以上に気を使わないですむというメリットもあります。

もちろん、自分の大好きな香りがいちばん、安心感が得られるもの。頭皮用のオイルはおすすめですが、ホホバオイルにエッセンシャルオイルをブレンドして、胸元や耳たぶの後ろ、手首につけておいたりするだけで、いざというときの「お守り」になるはずです。

ほかにも、肩凝りや腰痛、集中力の低下ややる気のなさなど、私たち世代の揺らぎに、大好きな香りはとても効果的。味方につけて、今の自分とできる限り上手くつき合いたいものです。

本音32「綺麗に整えられた爪は素敵、でもネイルカラーがどんどん似合わなくなります」

健康から生き方まで、爪があなたを語り出す

職業柄、「意外」と思われることも多いのですが、じつは私、たまにしか、ネイルカラーを塗っていません。理由はとても単純、「ものぐさ」だから。

綺麗なネイルカラーに出合うと、そのたびわくわくして丁寧に塗ってはみるものの、その状態を長くはキープできない……。食器洗いや掃除をして、ふと見たら「あれっ?」、入浴して髪を洗っただけなのに、ふと見たら「あれっ?」。

そうとはいえ、サロンに通ってプロに任せる時間も労力も持ち合わせていない。「綺麗が続かない」ストレスを感じるくらいなら、「塗らない日が当たり前」「塗る日が特別」のほうがいいと思っているからなのです。

もとを正せば、小さくて丸いコンプレックスだらけの手だから、「綺麗にしたい」という熱意みたいなものが、もともと誰より薄い、それも、理由なのかもしれません。

爪って、不思議。ずっとそう思っていました。

化粧品会社でPRを担当するある女性が、つねにとても美しい爪をしていて、言葉にはしないものの、会うたびこっそり見つめていました。

あるとき、その女性の話題が持ち上がったとき、「ああ、爪がとても綺麗な人？」「そうそう、すごく綺麗だよね」と、そこにいた誰もが彼女の爪をよく知っていたのです。そして、「忙しいのに、いつもてっぺんから爪先まで綺麗にしているって、余裕を感じさせるよね」。

見られていないようで、じつは見られているパーツ。その奥や裏にある「何か」を想像させるパーツ。そう確信したのです。

女優やモデルなど、「見られる」職業に就く女性の綺麗に伸ばされた爪に、パーフェクトにネイルカラーが施されていたら、美しさに説得力が増します。一方で、小さな子供の手を引く母がもし同じようにパーフェクトな爪をしていたら、老婆心ながら、子育てをしているだろうか？　家事をしているだろうか？　と心配になります。

今どきのファッションに身を包み、メイクにもヘアにもこだわっている女性の爪ががさがさ、ぼろぼろだと、不思議と散らかったバッグや部屋をイメージするし、逆に、動物園で飼育員として毎日を必死に生きている女性なら、たとえ痣《あざ》だらけの手に無頓着な爪でも、このうえなく美しいと感じる……。

女性の爪は、「その人」や「生き方」を語り出すのだと思います。私たちが無意識のうちに観察しているのは、それを知りたがっているからなのかもしれません。

――爪先の遊び心は、人生を楽しんでいる証《あかし》

もちろん、毎日、パーフェクトに整えられた爪が理想的。

大人は、健やかな肌の一部のように血色を感じさせるピンクベージュ、くすんだ肌色にも寄り添いながらシャープに見せるグレージュなどを選ぶと、手肌を綺麗に見せながら、品よくエレガントに仕上がると思います。ツヤがなくなっても、少しムラがあったり欠けがあったりしても、目立たないというメリットもありいい意味で逃げ道にもなります。

ただ、自分に言い聞かせる意味で言うなら、年齢を重ねてシワやシミが目立ち始めた手肌だからこそ、たまにでもいいから、ジュエリーを楽しむ感覚で、大胆な色を楽しむのも素敵だと思うのです。少し黒を帯びたような赤や、シックなブラウン、パールやラメを含んだシルバーやコッパー、ヴィヴィッドなグリーンやオレンジなど……。爪先に大人の遊び心が見えると、人生をより楽しんでいるように見えて、心惹かれるのです。

本音33「シミ、シワ、血管……いつの間にか、手が老けていた！」

年齢を重ねた手にこそ似合う、華やぎがある

同世代の女性たちが集まると、よく上る話題。それが、「手の老化が、急に気になり始めた」というもの。

肌の悩みや体型の変化にばかり気を取られている間に、ひそかに進行していた手の老化。仕事や子育てに追われる忙しさからほんの少し解放され、ひと息つけたからこそ、つねにフル活動していた手元にふと、目が向いたのかもしれません。

最近のハンドケアも、スキンケア同様、目覚ましい進化を遂げています。単に潤いをキープしたり、紫外線から守ったりするだけでなく、積極的にエイジングケアできるものもたくさん。確かに高価、でも、効果は期待以上。そんなアイテムを味方につけて毎朝毎晩手入れを続ければ、ほったらかしにしていた人ほど、ぐっと格上げされるはずです。

そう言いながらも、手のために特別なケアはできない、続かないという人も多いはず。

何を隠そう、私もそのひとりです。

そこで、私は、できるだけ、手にも顔と同じケアをしています。顔に化粧水をなじませたら、その続きで手も。顔にクリームをなじませたら、その続きで手も。シミが気になり始めた私は、顔用の美白ケアもステップに組み込みました。

加えて私は、ヘアケアを行うときにも、同時に爪を中心に手のケアをしています。ヘアオイルやヘアクリームなどを髪になじませる前に、手のひらと手の甲に薄く塗り広げ、指先にはしっかり塗り込んでから、髪全体に手ぐしを通すように。すると、髪一本一本に均一に広げることができて綺麗にまとまるし、手指はしっとりと潤い柔らかくなる……といった具合に。ちなみに、髪と爪の成分は一緒。しかも、最近では、ハンドケアもできるヘアケアも増えています。まさに、一石二鳥。

――手を愛せると、自分を愛せる、人生を愛せる

でも……。じつは私、手の老化に対して、正直言うと、そこまで気にはしていません。それは「老化していないから」ではありません。アウトドア派ではないものの、生来のものぐさな性格ゆえ、まめにハンドケアしてこなかったために、シミもシワもどんどん目

立ち始めてる。ああ、こんなふうになるんだ、手って……と今さらながら、老化を自覚しているところ。

ただ、ときを同じくして「老化したからこそ、似合うもの」に出会いました。

半年ほど前でしょうか。ひと目惚《ぼ》れをしたダイヤモンドのリング。それまで、手がコンプレックスの私は、どんなリングも自分にフィットしない気がして、ずっと避けていました。ところが、そのダイヤモンドの煌《きら》めきが、少しくすんで、少しシワっぽい手肌に、すーっと溶け込んでくれた。むしろ、老化した手だからこそ、ゴージャスすぎない、でも軽やかすぎない。とてもわくわくして、手に入れたのです。

その場にともにいた友人の、いい意味で筋張った手首には、繊細なダイヤモンドのブレスレットが光を放ちながら溶け込んでいました。年齢を重ねた手にこそ似合う、華やぎがある。若い手では得られない、ときめきがある。改めて、そう思ったのです。

ヴィヴィッドなカラーストーンも、シックなブラックパールも、大胆なデザインの地金ジュエリーももしかしたら、年齢に似合うアイテムなのかもしれません。

「この手もなかなかいいじゃない？」、そう思えたら、もっと自分を愛せる、人生を愛せる気がしてきました。新しい発見をして、また何かから解き放たれたみたいです。

本音34「精一杯、スキンケアをしているつもりなのに、効果が感じられません」

「追われる美容」を休んでみると、真の美容が見えてくる

雑誌の取材がきっかけで、女性ホルモン様作用が注目されているエクオールのサプリメントを飲み始め、数年が経ちます。

もともと、サプリメントを飲む習慣がなかったのですが、識者や医師の方に話を聞けば聞くほど、今の自分に必要なものと確信し、始めよう、続けようと思ったのでした。

ところが、これと言って、実感がない。何も変わらない、何も起こらない。あれっ、私には、あまり効果がないのかな……？

信頼している仕事仲間に、その話をしたら、こんな答えが返ってきました。

「あのね、『何も変わらない』『何も起こらない』は、裏を返せば、すごく効果があるってことだと思う。だって、本来なら『下り坂』や『揺らぎ』を感じる年齢でしょう？　それを感じさせないって、素晴らしいことなんじゃないかな、って」

なるほど、と納得しました。年齢による揺らぎをさほど感じていないのは、この対策のおかげだったのかもしれないと、気づかされたのです。

以来、ときどき飲み忘れる自分を許して、帳尻を合わせながら、地道に続けています。

こうは考えられないでしょうか？

もしかしたら、「効果を感じない＝現状をキープしている＝効果がある」ということかもしれない。そう捉え直したら、今行っているケアにもっと愛着や感謝を覚えるのじゃないか。

すると、その美容が、途端に効果を発揮し始める……。

なぜなら、効かないと「疑う」人には効かない、効くと「信じる」人には効くという「不思議」が起こるものだから。美容はある意味、「神秘」だからなのです。

週末や旅先の解放感が、美容の力を増幅させる

以前、ある美容の大家に取材でお目にかかったとき、「これも効かない」「あれも効かない」と愚痴を言ったり、「何かいい化粧品、ない？」と不満を言ったりする人は、決して綺麗になれないと言われて、どきりとさせられた経験があります。

すべてを化粧品に委ね、綺麗になれないことをそれだけのせいにするのは大間違い。化

粧品を正しく使っている？　優しく肌に触れている？　まずはそう問いかけるところから始めたいと思うのです。

私の場合、日々行っているのは、あくまでベーシックなものです。

朝は、「ながら×だらだら」ケア。パソコンに向かってメールのやり取りや原稿書きをしながら、簡単な家事をしながら、出かける準備をしながらと、朝の作業に費やす時間を化粧品が浸透する「間」に当てています。

夜は、できるだけシンプルに済ませます。お風呂上がりに必要最低限のステップを重ね、眠る前にクリームかスリープマスクをプラス。

その分、週末に、旅先で、ゆっくりとケアを行います。

解放された時間、空間では、心や体同様、肌も解放されています。例えば、週末には2日連続でスペシャルケアを使ったり、旅の泊数に合わせて集中ケアを行ったり。

物理的にも精神的にも余裕があるからこそ、ゆっくりと丁寧に、肌や化粧品に触れられる。こうして発揮されるのが、真の美容の効果なのだと思います。

顔色が明るく、表情が穏やか。それは、追われる美容では得られない効果。自分を解放できる大らかさもまた、大人の綺麗に必要なものなのだと思います。

本音35「見た目なんてどうでもいい、と諦めそうになる自分がいます」

「見た目は資産」と、考えてみる

数年前のこと。ある化粧品会社の新製品発表会で、「エロティック・キャピタル」という言葉に触れ、静かな衝撃を受けました。

もともとは、英国の社会学者が数年前に唱えた説とのこと。お金や土地、財産など第1の「エコノミック・キャピタル（経済資産）」、教養、学歴、スキルなど第2の「カルチャー・キャピタル（個人資産）」、人脈など第3の「ソーシャル・キャピタル（社会資産）」、これらに次ぐ、第4の資産が「エロティック・キャピタル（見た目）」。つまり、『見た目は資産』という考え方なのだと言います。

ここで言う見た目とは、肌や顔立ち、体型などその人自身が持って生まれたものはもちろん、ファッションやヘアスタイル、メイクアップなどの自己演出、立ち居振る舞い、社交性、もっと言えば、セクシーさまで含めたトータルな見た目印象のこと。「表面」の美しさや魅力を磨くことが、その人の資産を形成するという考え方なのです。

この言葉を表面的に捉えると、「見た目より中身」「人は見た目で判断しない」が美徳とされる我が国では、どこか違和感を覚えるかもしれません。

ただ、言葉にせずとも、女性は特に、物心ついたときから「見た目＝資産」という「物差し」を突きつけられ、無意識のうちに意識して生きています。エイジングケアやメイクアップにこんなにも夢中になるのは、それを知っているから。

男性たちも「清潔感があったほうが上手くいく」「貫禄があったほうが上手くいく」など、見た目が仕事やコミュニケーションに、大きな影響を与えると感じていると聞きます。スーツやシャツ、ネクタイに気を使ったり、眉や肌、唇や爪など身だしなみにこだわったりするのは、そのためではないでしょうか？

そう、私たちは、心の底で、見た目を磨くこと＝自分自身の価値を高めることと自覚しているのだと思います。

あえて、断言したいのです。ファッションや美容を通して見た目を磨くことが、自信を巡らせ、余裕を生む。そして、自信や余裕が生き生きとした輝きにつながり、結果、自分自身の価値が高まる……と。

――見た目を整える＝体を整える、心を整える、生活を整える

「肌は目に見える臓器」と言われます。

それは、肌に現れたトラブルが、内臓のトラブルのサインである可能性もあるし、体調の良し悪しが顔色に表れることもある。肌は、体の健康のバロメーターに違いありません。

一方、「顔は心の鏡」とも言われます。

「相手の心を読み取る」のは表情や態度、雰囲気から。顔色も、眉や目の動きも、口角の位置も、心を理解するのに顔は非常に大事なヒントになるからです。

つまり、見た目には、体や心、生活のあり方がすべて現れる。だからこそ、規則正しい生活、バランスのいい食事、適度な運動、上質な睡眠を心がけて、体を整え、心を整え、生活を整えることが見た目を輝かせることにつながるのだ、と……。

そう捉えると、エロティック・キャピタルという考え方に、納得がいくのです。

年齢や性別を超えて、堂々と、美しさや魅力を構築し、倍増させていく時代。見た目という資産を運用すること＝人生を楽しむこと、人生を豊かにすること。だから、諦めるなんてもったいない。いくつになっても、心がけ次第で、見た目は輝きを放つのだから。

本音36「周りの綺麗な人たちを見ていると、うらやましく思います」

大人は、美人じゃなくていい、美人に見えれば

「美人じゃなくていい、美人に見えれば」

いつのころからか、そのように思っていました。

美人は「造形」。美人に見えるのは「雰囲気」。そう捉えたら、大人は、美人であることよりも美人に見えることのほうが、むしろ大事なんじゃないか、と思っていたのです。

学生時代の親友にこの話をしたら、彼女はこう言いました。

「『造形』は衰えていくもの、『雰囲気』は育っていくもの。そんなふうに言われると、年齢を重ねることに希望が持てて、嬉しい」

改めて、確信しました。

私たちは、年齢とともに減ったり、なくなったりするものにばかり目を向けるけれど、じつは、増えたり生まれたりするものには、かけがえのない魅力が宿る。

美人に見える人は、時間をかけて、魅力を育んでいる、と。

――「美人に見える」ために、心がけたい7つのこと

数多く取材をした経験から、美人に見える大人には、いくつかの共通点があると感じています。

1　心地いい声であること。

心地いい声の条件には、高さや大きさ、リズムやスピードが「ほどよい」ことはもちろん、相手を思いやる言葉使いも含まれるのだと思います。

2　お洒落欲があること。

ファッションやメイクなど自分の見た目を彩るものに対して、「ときめき」を覚えている人は、生き生きしてる、きらきらしてる。

3　美味しく食べること。

「食べる」を楽しむ人は、「生きる」を楽しむ人。当たり前に感謝をし、幸せを感じる人。そして何より、心身ともに、健やかに違いありません。

4　生活音がしないこと。

ドアや開け閉めの音、階段の上り下りの音、椅子《いす》を動かす音、バッグを置く音、パソコンを叩く音、ICカードをタッチする音。静かな人は、体の末端まで神経がいき届いた人。

5　上機嫌であること。

上機嫌であるためには余裕が必要、余裕を持つためには何より体力が必要、体にも心にも肌にも筋肉が必要。だから上機嫌な人は姿勢が美しい、表情が豊か、好奇心でいっぱい。

6　相手の目を見ること。

相手の目をまっすぐに見る人は、相手に興味を抱いている人、自分に自信を持っている人。心と心を通わせようとする人。

7　プロフェッショナルであること。

仕事でも家事でも趣味でも、自分自身がこれと選び取った「何か」を貫き、愛し、極めている人の目は圧倒的な輝きを放っています。

日々の心がけが積み重なれば積み重なるほど、その人らしさが際立ち、唯一無二の美しさに近づいていく……。美人に見える、は、やはり、大人の特権に違いないのです。

ふと、気づかされました。美人に見える人は、同性ながら、会うたび、「一緒にいたい」「また会いたい」と思う。その印象が続く人なのだって。

CHAPTER

5

綺麗の呪縛から解き放たれて、軽やかにしなやかに

本音37「性格のせいか、年齢のせいか、『楽』がいちばんと思うようになりました」

「楽」と「楽しい」の差、「楽しむ」と「面白がる」の差を知る

ヘアスタイルをロングからショートに変えたことで、周りの人たちがいろいろな声をかけてくれます。

中でも、もっとも多いのが、「髪を切ったら、『楽』でしょう？」。

ロングに比べ、ショートは洗うときも乾かすときも、楽になったんじゃない？　忙しい女性にとって、ショートヘアは味方よね……。

確かに、それは、正しいのです。時間も手間も半分、いやもっともっと省けるし、だからこそストレスも少ない。

でも、私はあえて、「楽というより、『楽しい』の」と言い替えるようにしています。

楽と楽しいは、まったく別物。

同じ漢字を使うけれど、暮らす、生きるという視点に立つと、その意味はむしろ、逆

……。そう思うから。

楽とは、苦労がない、面倒がないこと。もちろん、それは、楽しいを生み出すのに役立つことかもしれないけれど、よくよく考えてみると、そこに意志は感じません。

でも、楽しいは、意志を超える熱意を感じる。苦労はあるかもしれない、面倒もあるかもしれない、それでも、何かをしたいと強く思う。何かのために心がわくわくし、表情が生き生きとすることを求めているのです。

じつはこの違い、ある男性アスリートに教えられたのでした。

「楽をしていては、楽しくなれない。楽しくなりたければ、楽はできない」

努力をしないと、勝ちは生まれない。勝ちが欲しければ、努力は欠かせない。それはスポーツも人生も同じこと。

楽と楽しさは決して同義じゃないのだと諭され、深く感動した経験があるのです。

この差が、毎日の差になる、人生の差になる、そう思ったもの。

――「受動的」から「能動的」へ、そう意識すると変わる、変わる

同様に、あるスタイリストの女性の言葉にも、心を揺り動かされました。

彼女は、女優・樹木希林さんの「楽しむのではなくて、面白がることよ。楽しむというのは客観的でしょう。中に入って面白がるの。面白がらなきゃ、やってけないもの、この世の中」という言葉を引き合いに出しながら、こう言いました。

「楽しむは『受動的』。面白がるは『能動的』。大きな違いだと思いません？」

大人は、それなりに「ケーススタディ」を繰り返して、学んでいるから、無意識のうちに、苦労や面倒を避けるように生きているのだと思います。

私もそう。

「あっち」を選んだら楽しいけれど、きっと大変。だから、楽な「こっち」を選ぼう。面白がろうとすると、そうでない人に厄介だと思われるから、楽しむ程度にしておこう。

思えば、そんなシーンが数えきれないほどありました。

でも、周りにいる魅力的な人たちを見ていると、楽より楽しいを選んでる。楽しむより面白がるを選んでる。私もそうありたいと、強く思うようになりました。

もちろん、楽に頼るときがあってもいい。忙しい毎日、時間や手間を省いてもいい。ただ、楽が生んだ余白を、できるだけ楽しいことで満たし、面白がりたいと思うのです。そうして得られた興奮や高揚は、美容以上に人を輝かせるはずだから。

本音38「洋服を着ることもメイクをすることも億劫《おっくう》なんです」

一日中家にいる日も、スーパーに行くだけでも、心をときめかせる

先日、ずっと憧れていた作家の女性にお目にかかりました。

職業柄、一日中家にいて、パソコンの前に張りつき、原稿を書いているという日も多いのだそうです。家族以外、誰にも会わないで。

そんな日、ふと鏡の前に立った自分の顔がどんよりとくすみ、「色」がないことに、愕然とした経験があるのだとか。

以来、たとえ、一日中家にいる日も、口紅を塗っているんです……と。

また、以前、女優やモデルとして活躍する、大好きな女性にインタビューしたとき、こんな話を聞きました。

「子供と公園で遊ぶときでも、近所のスーパーに行くだけでも、服選びを『ないがしろ』にしたくないなあ、と思ってるの。だって、誰にも会わないからどうでもいいと思うのは、

『もったいない』じゃない？」

家族以外、誰にも会わない日であっても、服を選び、着るということを楽しむ姿勢に、はっとさせられたことを思い出します。

ふたりが輝いている理由がクリアに見えた気がしました。

彼女たちは、ほかの誰かに向けてではなく、自分自身に向けて、口紅を塗り、洋服を着ている。

口紅を塗ることで、心に彩りが芽生え、洋服を着ることで、心にときめきが芽生えている。

ああ、この差が、輝きの差なんだ、そう確信したのです。

学生のころでしょうか、それとも就職したばかりのころでしょうか？

当時、母が言っていたことは、もしかしたら同じ意味合いだったのかもしれないと、今になって思います。

「たとえ出来合いの惣菜《そうざい》でも、きちんと器《うつわ》に盛りつけて食べなさい」「たとえ小さくても少なくても本物を選んで身につけなさい」……。

誰かに見せるためじゃない。自分の目と心のために。

最近、忙しいから、疲れたから、今日は誰にも会わないし、特別な予定もないしと、まるで、『日めくりカレンダー』をばりばりと引きちぎるように日々が過ぎていくようで、後ろめたさを感じていました。

その日を特別にするのは自分自身。改めて、そう言い聞かせたいと思います。

変化に気づく、言葉にする、スイッチはここに

ずっと伸ばしていた髪を切ったその週末、近所のスーパーに買い物に行きました。いつもにこやかに対応してくれる女性店員のレジに並び、精算を終えた、そのときでした。

「髪、切ったんですね。いい感じ」

たくさんの食材が入った重い籠《かご》を自動精算機横に移しながら、私の髪型をそんなふうに褒めてくれたのです。

たったひと言で、私のこの日は、特別になりました。

一日中家にいる日も、ダイヤモンドのピアスをしてみようかな。スーパーに行くだけでも、スエードのスニーカーをはいてみようかな。

同時に、私も、誰かの変化に気づき、きちんと言葉にしようと心に決めました。私にとってそうだったように、ひと言が、誰かのスイッチになるかもしれないから。

本音39「どんどん『おばさん』臭くなる気がします」

「敬語」が、じつはエイジレスの決め手

インタビューで、ある30代の男性に話を聞いたことがあります。

仕事や人生に対する考え方、生まれ育った環境、夢中になっているもの、これから目指したい方向……。

そして、取材を終えたあと、スタッフ全員で雑談をしていたところ、誰からともなく、大人の女性についての話題に及びました。

テーマは、「おばさん」と「お姉さん」の境界線は、一体、どこにあるのだろう……?

ということ。すると、彼がこう言ったのです。

「誰に対しても敬語を使う人は、おばさんにならない、と思うんです」

意外な言葉に、正直、驚きました。えっ、どういうこと……?

「年下に対して、嵩高《かさだか》な物言いをする人っているでしょう? 何でも『あなたは、まだま

だ青いわね』『あなたも私の年齢になったら、わかるわよ』というような態度で、自ら年齢の『上』と『下』を分けて上からの目線で話をされると、興醒《きょうざ》めします。フランクに話してくれることが、もちろん嬉しいときもあるのだけれど、まださほど親しくないうちは、どこか、偉そうに映る、その結果、『おばさん』感が強調されるような気がしてならないんです。やはり、年齢や立場を問わず、シーンを問わず、相手が誰であっても、敬語できちんと会話ができる女性が、素敵だと思う。そういう女性は、不思議と年齢を感じさせないんですよね」

まったく思いつかなかった答え、でも、核心を突いていると思いました。

自分に置き替えてみるとよくわかります。

年上の男性に嵩高な物言いをされると、「おじさん」と思う。年齢の上下というよりもむしろ、時代の流れに無頓着で、止まっている気がするから、なのでしょうか?

——美しい言葉使いと美しい声はワンセット

相手を敬う美しい言葉使いができる人は、謙虚で知的。そんな人と会話をしていると、相手である自分の格までぐんと上がる気がして、どこか心地よく、どこか誇らしくいられるのを感じます。

そして、美しい言葉使いは、不思議なもので、美しい声とワンセット。言葉を慎重に選んでいるからか、声のトーンが柔らかく、そのスピードもゆっくり。すると穏やかな印象だからか、言葉を聞き取りやすく、コミュニケーションを取りやすい。だから、その人ともっともっと話したくなる……。もう一度会いたくなる人もまた、美しい言葉使いをしている気がします。

シワやたるみ、そして二の腕が太くなったとか、お腹が出たとか。見た目の変化ばかりをおばさんの「印」と思いがちです。

でも、実際には、服やメイク、髪型といった表面的な見た目とはまったく違うところに、見た目を超えて、年齢印象を左右する重要な要素があったのだと、改めて気づかされた思いでした。

見た目に関しては、年齢とともに失ったり減ったりするものが気になるはず。でも、言葉は、年齢を重ねるほどに増やしたり深めたりすることが可能なものだと思うのです。

今からでも増やしていける、深めていける、そう、成長できる。もう一度、自分の言葉使いを見直したいと思います。それは、相手を敬ってる？　と問いかけながら。

本音40「家族に素直になれない、『ありがとう』や『ごめんなさい』が言えないんです」

御礼と謝罪は、鮮度と純度がすべて

「秋を満喫しに家に遊びに来ない？」という、親しい友人からのそれはそれは嬉しい誘い。早速その週末、仕事仲間3人で向かいました。ぽかぽか陽気の中、まるで雲ひとつない青空に向かって離陸するような、そんな坂道を登り切った先に、彼女の家はありました。

玄関先で最初に迎えてくれたのは、小学1年生の「弟」。うわあっ、いつぶりだろう？会わないうちに、頭ひとつ分背が伸びている印象。大きくなったね……。

彼に導かれてリビングに向かうと、彼女とご主人が料理をしながら、「いらっしゃい」と明るく迎えてくれました。

そして、宿題に追われていたという小学5年生の「兄」も、少し照れ臭そうな笑顔を浮かべながら、でも、こんにちはときちんと挨拶をして、合流してくれました。

広い庭にテントを張り、中には大きなテーブル。シャンパンを片手に、生牡蠣《なまがき》から。何という贅沢。次から次へと、ずば抜けて料理上手な彼女が振る舞ってくれる「ひと皿」に、すっかり夢中になりました。

兄らしい兄に、弟らしい弟。少年たちふたりは、私たち大人に、まるで友達のように接してくれて、すっかり打ち解けた……つもりでいました。

本当の原因は何だったのか、じつは今も、よくわからないまま。でも、皆で大騒ぎしているうちに、ほろ酔いの私がどうやら、大人げない行動を取ったようで、弟が激しく泣き出してしまったのです。

おろおろする私に、兄は「ほっとけばいいよ」と、クール。母である友人は「結構、大泣きだねーっ」と、笑ってる。

どうしよう。ああ、どうしたらいいんだろう？　ソファで突っ伏して泣いている彼に、とにかく謝らなくちゃ。

「ごめんなさい、もう一度仲良くなりたいの。だから、お願い、許してほしい」

この人に許してほしい。この人と縁を結びたい。1分1秒でも早く伝えたい、心の底からまっすぐに伝えたい。決して大げさでなく、そう思ったのでした。

すると、彼はしゃくり上げながらも、声を絞り出すようにして「……うん」。

ほっとしたとか、嬉しいとか、ありふれた言葉では表現できないような複雑な気持ちになって、なんだか泣きそうになりました。

こんなにも鮮度も純度も高い「ごめんなさい」を口にしたのは、いつ以来だろう？　もしかしたら、大人になってからは、ないのじゃないか……？　不覚にも、7歳児との「いざこざ」で、とてもとても大切なことに気づかされました。

「ありがとう」や「ごめんなさい」が、関係を和らげる、温める

じつは私、家族や親友など、身近な人に「ありがとう」と口にするよう心がけています。きっかけは、父親を早く亡くしたという友人の「父に言えなかった分、母に余計に『ありがとう』って言おうと思って」という言葉。以来、私は、どんなに些細なことでも、できるだけすぐに、できるだけたくさん、感謝を伝えようと心に決めたのです。

すると、不思議なことに、ありがとうが巡る。ありがとうが増える。そして、関係が和らぎ、温まる……。

ごめんなさいも、きっとそう。鮮度や純度の高いひと言が、「素直」から遠ざかる大人だからこそより大切なのだと、痛感させられているのです。

本音41「『私らしさ』って？　これと言って誇れることのない自分に落ち込みます」

自分を遡《さかのぼ》って「旅」をすると、見えてくる

以前、ずっと憧れていた文芸誌で、「逃避行」をテーマに原稿を書くチャンスをいただいたことがあります。

この言葉を聞いた瞬間からもう、書きたいことは決まっていました。

なぜなら、私は、物心ついたときから、日常的に「妄想」という逃避行を繰り返していたから。いつかそれを文字にしてみたいと思っていたからでした。

仕事柄、私は取材を通して、美しい女性たちにお目にかかる機会に恵まれます。女優、モデル、美容家を始めとする綺麗のプロたち……。「見られる」職業に就く女性たちの輝きを目の当たりにするたび、感動して、「はあ」と溜め息が出る。

同時に、長い時間をかけて訓練して訓練して、心の奥に封じ込めていた「コンプレックス」が、ひょっこりと顔を出します。

もし、私がこの毛穴の見えない肌を、この目鼻立ちの整った顔を、この艶《つや》やかな髪を、このバランスの取れたスタイルを持って生まれていたら……？　もっと言えば、もし、私が「彼女」だったら？　コンプレックスが、そんなありえないことを妄想させるのです。

鏡の前で、「自分」をうっとりと眺めて、こう考えると思うのです。

この肌、この顔なら、真っ赤な口紅だけをラフに塗っただけのメイクが映えるはず。髪をベリーショートにしても、女っぽくなるかもしれない。

白いシャツのボタンをひとつ余計に開けて着てみたいし、脚のラインが見え隠れするペンシルスカートもはいてみたい。

この見た目なら、誰の前でも堂々と振る舞えるだろう。周りの視線が集まるってどんな感じかな？

何より、人を好きになったらその人も私を好きになってくれるんじゃないか。

きっと、思い通りの人生が待っているに違いない……。

これが、私の逃避行。

「生まれ変わったら？」と、まったく別の人生を「旅」するように、あれこれ思いを巡らせて、自分という現実から逃れるのです。

コンプレックスが、「自分らしさ」を構築する

若いころ、この旅の「帰り道」に落ち込んだものでした。現実に戻りながら、なぜ私は持っていないんだろう？　なぜ私には与えられなかったんだろう？　と、いちいち「ないもの」に目が向き、さらにコンプレックスが際立ったから。

ところが、最近になって、帰り道を楽しめるようになりました。もし、私じゃなかったら、この人にもあの人にも会えていない。これもあれも経験できなかった。私が私になった過程を辿りながら、兄、父や母にまで遡り、ああ、よかったと胸をなでおろすのです。

思い通りにならないこともたくさん。好きになれない自分、克服できない欠点もいっぱい。でも、でも、でも……。コンプレックスがあるからこそ、「何か」の奥や裏を想像できる気もして。コンプレックスがもしかしたら、自分らしさを構築してきたのかもしれない。年齢を重ねるほどに、そう素直に思えるようになったのです。

もし、自分を見失ったら。もし、自分を嫌になったら。自分の人生を遡る旅をしてほしい。きっと大切な人、大切なもの、大切な時間が見えてくる。人生は自分だけでできあがっているわけじゃない。すべてを含めて自分らしさなのだと、愛おしく思えるはずだから。

本音42「疲れて見える、老けて見える、好きだった黒の洋服が似合わなくなりました」

もう一度、黒を似合わせる工夫が、大人を輝かせる

先日、家を整理していたとき、一枚の色紙を発見しました。

それは、大学を卒業するときに、寮の仲間たちからのメッセージが書かれたもの。あまりに懐かしく、つい、全部読み直しました。

その中に書かれていたひと言、「いつも黒の服に身を包み……」。ああ、学生時代からだったんだ。私がいつも黒の服を着ていたのは……！　改めて気づかされました。

今も、もっとも好きな色。もっとも安心できる色、黒。

ただ、この色との「向き合い方」は、数々の失敗経験を経て、次第に変わりつつあります。

学生のころ、そして、就職したばかりのころ。黒を選び続けた理由は、「大人っぽく見えるから」。髪も伸ばして、黒という色を通して、格好いい大人に見られたいと憧れていたときでもありました。

ところが、30代になって、その意味合いが少し変わります。そこそこお洒落に見える、そこそこきちんとして見える、何と言っても、汚れが目立ちにくい……。黒を着慣れ、黒に甘えているうちに、この色に対する「敬意」や「ときめき」を失い、知らない間に黒が「楽」と思うようになっていたのです。

そしてある日。黒にはっきりと拒絶されました。まさに、疲れて見える、老けて見える。昨日までの自分とまったく見え方が違う……。焦りました。

黒選びはツヤとハリにこだわる、肌と同じように

最近になって、憧れている年上の女性にこう言われ、さらに、はっとさせられました。

「50代を超えると、残念ながら、黒が『喪服』に見えることがあるのよ。だから、黒を着るときは、肌作りにもメイクにもヘアスタイルにも、何より表情や姿勢に気を使わなくちゃ。意志を持って選び、ときめきを感じて纏っていることが、周りに伝わらなくちゃだめだと思うの」

そういえば、と思い出しました。

マドモアゼル シャネルが残した、「私より前には、誰も黒を纏おうとしなかった」とい

う言葉。それまで、制服や喪服の色だった黒をエレガントな色へと昇華させたマドモアゼルは、黒を「本質を際立たせる色」「女性の輝きを引き出す色」と語っています。

つまりは、本質に輝きがなければ、エレガントにはなりえない色。黒はその人が輝いているかどうかの「リトマス試験紙」なのかもしれないと思いました。

もう一度、今、私は、黒という色に敬意とときめきを持って、向き合う努力をしています。

まず、黒そのものの選び方にこだわるようになりました。

私の場合、素材は、光を一度吸収してから放つような絶妙なツヤ感と、体につかず離れずのラインをキープするハリ感があるものが理想的。肌の延長線上と引いた目線で捉えて、肌がより綺麗に映えるものという基準で判断するようにしています。

特に、レザーは、年齢を重ねるほどに「似合う」「似合わない」の差が大きくなってきました。何より、上質なツヤが鍵《かぎ》になるので、丁寧に磨いたり整えたりしてキープするようにしています。

肌は、血色を感じさせながらも生っぽくないツヤ肌。目元か唇にアクセントを。髪にはできるだけツヤを纏わせながら、動きを感じさせるように。

黒が似合う人でありたい、という意識が、大人に輝きを与え続けると信じて。

本音43「黒やグレーの洋服、ブラウンシャドウにベージュ口紅、いつも無難色ばかり」

色への挑戦が、新しい自分の発見に繋がる

次の打ち合わせまで、あと1時間半もある。カフェに行こうか、それとも……。ちょうど通りかかったセレクトショップに、初めて立ち寄ってみました。あくまで「ウィンドウショッピング」のつもりで、奥へと足を踏み入れました。

ところが、店の奥の奥、ラックのコーナー部分にかかっていたヴィヴィッドなオレンジ色のワンピースに、目が釘《くぎ》づけになりました。

いつもなら素通りするはずの色、興味など抱かない色。それなのに、その色が放つ磁石のような強い力に導かれて、ふと気づくと、手に取っていました。

決して、誰かに勧められたわけではありませんでした。

「なんて、綺麗な色!」「どうせ、似合わないよね」「こんな色が似合ったら、素敵」「試着だけ、してみようかな?」……。そして、「勇気を出して、買ってみよう」。

自分の心の動きが、目に見えるようでした。

もともと黒が大好きで、クローゼットを覗くと、ほとんどが黒。ときにグレーや白、せいぜいネイビー？　ベージュ？　という、ある意味「地味色」ばかりが並んでいます。

バッグも靴も、黒がほとんど。

周りもそれをよく知っていて、「いつも、地味だよね」「色、着てるところを見たことない」と言われ続けていました。

そんな私にとって、生まれて初めてと言っていいほどの鮮やかな色。まさに言葉にするなら、「ひと目惚れ」でした。

この話を、親しい友人に話したところ、思いもしない言葉が返ってきました。

「色気が減るとね、無意識のうちに色気を足そうとするものなのよ」

なるほどと、合点がいきました。

色が持つエネルギーを、自分のものにしたいと思ったに違いない。年齢を重ねたからこそ、手が伸びた色。なんだか、一枚のワンピースが愛おしく思えました。

彼女が言った色気とはきっと、新しいことに挑戦しようとする「好奇心」と「高揚感」。

そんなふうにも、思えたのです。

――色を纏って知った、「自分が色づく快感」

色を着た私に、周りは「なんだか、元気そう」とか「何か、いいことあった？」と声をかけてくれました。色そのものはもちろん、色を纏うことによって表情が華やぎ、いつもと違う私に見えたのではないでしょうか？

この効果を生むのは、服だけではないと思います。

手っ取り早いのは、口紅。赤はもちろん、バーガンディやブラウンといったダークな色、オレンジやローズといったヴィヴィッドな色、テラコッタやピンクといったスモーキィな色など、それまで避けていた色に挑戦してみてほしいと思うのです。

そして、アイラインやマスカラ。グレーやカーキ、ネイビーやグリーンは、思いのほか、日本人の瞳になじみやすい色。バーガンディやレッド、パープルなど赤みを含んだ色は、フェミニンでエレガントな印象になるから、むしろ大人向き。アイシャドウの「面」で色を感じさせるより「線」でニュアンスを添えるほうが、ずっと取り入れやすいはずです。

ポイントはまずどこか「1カ所」に色を取り入れてみること。自分が色づく快感を知ると、もっと先の自分が見えてくるはず……。ぜひトライしてほしいと思います。

本音44「似合っていたはずの洋服が、似合わなくなって、落ち込んでいます」

「大人のほうが、似合うもの」を探す

私の場合は、40代半ばだったと思います。

何を着ても、しっくりこない気がする。何を選んでも、心がときめかない。まさにそれは、お洒落の「停滞期」でした。

大人の女性たちと会話をしていると、必ずと言っていいほど話題に上ります。

昨日まで似合ったはずの服が、今日は似合わない。サイズとかシルエットとか、そういうわかりやすいことだけではないからこそ、違和感に戸惑う。どう抜け出していいか、わからないよね、と……。

今思えば、停滞期は、お洒落の「ネクストステージ」に上がるべきというサインのような気がします。

大人が、もっと大人っぽくなり、その人らしさが、さらに極まる。そのための「修業」

みたいなものなのかもしれません。

停滞期の私を救ってくれたのは、ずっと通っているセレクトショップで接客をしてくれた、信頼している女性でした。

彼女はまだ、当時20代。でも、抜群のセンスで私の好みを見抜き、的確なアドバイスをくれる人です。

洋服をひとつひとつ手にしながらも、心が躍らない。自分がどの方向に進んでいいものやら、もやもやしていた私の気持ちを察知したのでしょう。

彼女が「これ、どうですか?」と勧めてくれたのが、春夏用のラップコート。まるで着物のようなシルエット。何とも言えない光沢を湛《たた》えた、滑らかに体のラインに沿うシルク。ほんのり赤みを感じさせる深いネイビー。それまでの私なら、選ばなかったアイテムでした。

うわーっ、綺麗。うわーっ、素敵。でも……私に似合うのかな。

すると彼女が、ひと言。

「この素材は、松本さんくらいの年齢の人が着るから価値がわかるんです。若い女性がもしこれを羽織っても、本当の価格よりもずっと安っぽく見えるかもしれない。大人だからこそ似合うものがあると思う。こんなラグジュアリーな一枚を纏って、大人が颯爽《さっそう》と歩いていてくれたら、私たち、すごく励みになります」

お洒落には「適齢期」があって、それは放物線を描くように、年齢を重ねるほど、下り坂になるのだと、心のどこかで思っていました。

でも、もしかして、違うのかもしれない。年齢に見合ったもの、自分に見合ったものを選び取ることで、お洒落に上り坂が存在するのかもしれない。

勇気を出して、手に入れました。初めて袖を通したとき、重くなっていた心がふわりと軽くなり、停滞していた「何か」が動き始めたのを感じました。

もの選びの基準を変えると、心が躍る、表情が華やぐ

それ以来、私のもの選びの基準は、「あのころより今のほうが似合う」かどうか。

ベージュのトレンチコート、大振りのサングラス、ネイビーのピーコート、ダイヤモンドのピアス、黒のテーラードジャケット、ブラックパールのブレスレット……。選び取ったものは、今もずっと、私をときめかせてくれています。

似合ったはずなのに。そこに自分を押し込めるのは、苦しいだけなのだと思います。潔く基準を変える、ベクトルを変える。すると、大人って楽しい、そう思えるはずです。

本音45「綺麗にしなきゃ、きちんとしなきゃ……ときどき息苦しくなります」

「綺麗じゃなきゃいけない」という呪縛から、解き放たれよう

もう何年前になるでしょうか？　何気なく観ていたTV番組で、こんな衝撃的なニュースを耳にしました。

米国で行われた「幸福度が高い」職業ランキングで、ワースト1は「ファッションモデル」だったというのです。

パーフェクトな肢体を持たなくては、チャンスが与えられない、選ばれし人の職業のはず。それなのに、狭い美の基準に自分を押し込めるのが大変なのか。次から次へと若き才能が生まれる中で、旬の存在でいつづけるのが難しいからなのか。それとも、ほかに理由があるのでしょうか……？

いずれにせよ、女性たちが憧れるもっとも華やかな職業なのに、誰より美しいはずなのに、残念ながら「幸せを感じにくい」というのです。

じつは、若い女性をターゲットにした雑誌の美容ページを見ると、ときどき、この話を思い出します。

1点のシミもない肌、目尻のシワもほうれい線もない肌。毛穴が見えない肌。透明感も血色感もある肌……。化粧品や美容医療の進化が先か、女性たちの意識の進化が先なのか。求める理想の肌の基準が、どんどん高くなっていくのを感じます。

さらには、SNSの普及によって、「生きる肌」以外に、「見せる肌」も必要になったのでしょう。

そのたび、思うのです。

今、もし自分が30代で、このページを見ていたら、理想の肌と現実の肌とのギャップ、見せる肌と生きる肌とのギャップに、苛《さいな》まれていたかもしれない。

美容そのものを、もっと息苦しく感じていたかもしれない。

ああ、私は大人でよかった、この年齢でよかったと、胸をなでおろしているのです。

綺麗は比較で決まるものでもなければ、点数で評価されるものでもありません。

綺麗に自分がコントロールされるのではなく、自分が綺麗をコントロールするもの。

「自分らしい」「居心地がいい」そう感じられれば、それがベストな肌なのです。

自分らしい肌が、自分らしいムードを作る

30代前半のころ、ひと目惚れで手に入れたクラッシュデニム。当時、アヴァンギャルドなテイストに夢中になってコーディネイトを楽しみましたが、40代を前に肌とデニムのダメージ具合が強調し合う気がして、泣く泣くクローゼットの奥にしまい込んでいました。

ところが、50代半ばに差しかかり、カシミアニットやテーラードジャケットと合わせると意外といいみたい。ファッションに携わる友人とのカジュアルな食事にはいて行くと？

「ちょっとたるんでて、ちょっとシワっぽい肌と、モード感がぴったり合っていいねえ！」

と褒めてくれたのです。

わかる、わかる。もし私が、シミもシワもない、毛穴ひとつ見えない肌だったら、アヴァンギャルドなデニムとは合わなかったに違いない。私らしいムードは、私らしい肌や私らしい服が作っていると、ほんの少し喜ばしく思えました。

綺麗じゃなくちゃいけないという呪縛《じゅばく》は、ほかの誰でもない、自分が創り出したものなのだと思います。大人はもっと知的に、もっと自由に。自信を持って余裕を持って、自分の肌を選び取りたいと思いませんか？

おわりに

その日、仕事で知り合った大好きな女性たち数人で「ビストロ」に行く約束をしていました。

メンバーのうちひとりは、たまたま近所に住んでいる、メイクアップアーティスト。夜を心待ちにしながら、それを楽しみに原稿を進めようとしていた穏やかな昼下がり、彼女からこんなメールが届きました。

「どんな格好していく？　今日、私がメイクするよ！　食事に行く前に、カフェで待ち合わせしない？　イメージのリクエストがあったら、言ってね」

決して大げさじゃなく、心の底から高揚するのを感じました。

気になっていたマットなチリレッドも塗ってみたいし、目尻を跳ね上げたキャットアイラインにも挑戦してみたい。トップアーティストにメイクをしてもらえるなんて！　きっと、新しい顔に出合えるに違いない。

服は何を着よう？　靴は何を履こう？　髪、どうしようかな？

仕事そっちのけで、ひとりにやにやしながら、あれこれ思いを巡らせました。

そして……はたと気づいたのです。

彼女の粋《いき》な計らいが、私の心の「スイッチ」を押したこと。

硬くなっていた、重くなっていた私を、柔らかく軽くしてくれたこと。

もしかしたら、これが、壁を乗り越えるスイッチなのかもしれない。そうだとしたら、スイッチは、自分で、意志で、創り出せるものなのじゃないか、と……。


自分自身としても、職業としても、いつの間にか、メイクが「年齢や欠点をカムフラージュするためのもの」になっていたことに気がつきました。

もちろん、それも正解。メイクは、自信を持つためのものであり、下向きになりがちな顔を上向きに変え、相手の目を見たり、屈託なく笑ったりすることに繋がるから。

でも……カムフラージュを意識しているうちに、それが惰性や義務になっていたのも事実でした。

だからこそ、もう一度、メイクがときめきを生むという原点を思い出したいと思うのです。

例えば、口紅を差したときのぱっと華やぐ表情。例えば、アイラインを引いたときのきりりと引き締まる表情。

そして、鏡の中に新しい自分を見つけたとき、全身を巡るときめき……。

「今さら」と言わないでほしい。「今だから」必要なのです。このときめきが。それこそが、年齢という壁を乗り越えるために、背中を押してくれる魔法。


大人たちが集まるとよく耳にする、「年齢を重ねるほどに『ときめき』が減るよね……」

確かに、私も感じていました。

慣れるというか、鈍るというか。たとえ何かが起こっても、若いころと同じ感動は得られない。

いや、そもそも、日常にそうそう特別なことなんて、起こらないし。

きっとそう感じている大人は多いはずなのです。

でも、だからこそ、いつでもどこでも、自分でときめきのスイッチを押す「心がけ」をしたいと思うのです。

毎日、「特別」は転がっています。誰にも平等に。それを特別にするか否かは、意識か無意識か、たったそれだけの違い。

私を救ってくれた言葉が、毎日のときめきに繋がりますように。

じつは、カバーの顔写真のためにヘア、メイクをしてくれたのは、冒頭で触れたメイクアップアーティスト、水野未和子さんでした。そして、いつも、素敵な写真を撮ってくださるフォトグラファーの目黒智子さん。シンプルでいてインパクトのあるデザインに仕上げてくださったブックデザイナーの飯塚文子さん。いつも私を支えてくれている仕事仲間や友人、家族。このようなチャンスをくださり、何かと腰が重くなりがちな私を叱咤《しった》激励《げきれい》し、最後まで力強く導いてくださった編集者の見目勝美さん。本当にありがとうございました。

そして何より、この本を手にしてくださった大人の女性たちに、心から感謝申し上げます。いつかどこかで、お目にかかれますように。

松本千登世

{2〜4頁の商品について}

1

〈右から〉オー ドゥ シトロン ノワール ハンド&ボディー クレンジングジェル 300mℓ ¥7,600、オー ドゥ シトロン ノワール オーデコロン ナチュラルスプレー 100mℓ ¥14,700、オードゥ シトロン ノワール ヘア&ボディー シャワージェル 200mℓ ¥5,400、オードゥ シトロン ノワール モイスチャライジング バーム フェイス&ボディ 200mℓ ¥8,200／すべてエルメスジャポン

2

〈右から時計回りに〉クレンジングミルク ドライ / ノーマル 200mℓ ¥4,200、クラランス トーニングローション ドライ / ノーマル 200mℓ ¥4,200／2点共クラランス、資生堂 お手入れコットンN 80枚 ¥400／資生堂お客さま窓口

3

〈右から〉エレメンタリー スキンクリーム 35g ¥38,000、エレメンタリー スキンローション 125mℓ ¥18,000、エレメンタリー スキンエマルジョン 75mℓ ¥20,000／すべてITRIM

4

モイスチュア リポソーム 40mℓ　¥10.000、60mℓ ¥13,500／コスメデコルテ

5

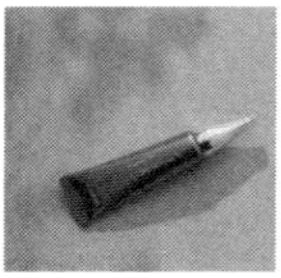

エピステーム アイパーフェクトショットa 9g ¥6,500、18g ¥11,000／ロート製薬

6 

クレ・ド・ポー ボーテ セラムラフェルミサンS 40g ¥30,000（医薬部外品）／クレ・ド・ポー ボーテお客さま窓口

7 

バランシング ポイントメイクアップ リムーバー R 90㎖ ¥3,500／THREE

8 

Veludo アーバン アーユルヴェーダ-CD（カウントダウン）10㎖ ¥3,800／AMATA

9 

エクエル 112粒（1日4粒目安・28日分）¥4000（編集部調べ）／大塚製薬

《問い合わせクレジット》

ITRIM ☎ 0120-151-106　https://www.itrimbeauty.com
THREE ☎ 0120-898-003　http://www.threecosmetics.com
AMATA ☎ 03-6274-6905　http://www.pro-feel.net
エルメスジャポン☎ 03-3569-3611　http://www.hermes.com/jp
大塚製薬☎ 0120-004-890　https://www.otsuka.co.jp/eql
クラランス（お客さま窓口）☎ 03-3470-8545　http://www.clarins.jp
コスメデコルテ☎ 0120-763-325　https://www.cosmedecorte.com
資生堂お客さま窓口☎ 0120-81-4710　http://www.shiseido.co.jp
クレ・ド・ポー ボーテお客さま窓口☎ 0120-86-1982　http://www.cledepeau-beaute.com
ロート製薬（エピステームコール）☎ 03-5442-6008　http://www.episteme-net.jp

松本千登世［まつもと　ちとせ］
美容ジャーナリスト・エディター。1964年鳥取県生まれ。神戸女学院大学卒業後、航空会社の客室乗務員、広告代理店勤務を経て、婦人画報社（現ハースト婦人画報社）に勤務し、編集作業に携わる。その後、講談社で専属エディター&ライターとしての活動を経て、フリーランスに。女性誌や単行本など美容や人物インタビューを中心に活躍中。幅広い知識と穏やかな人柄が人気。『GLOW』（宝島社）、『MyAge』（集英社）、『クロワッサン』（マガジンハウス）などの女性誌でコラムを連載中。著書に『「ファンデーション」より「口紅」を先に塗ると誰でも美人になれる「いい加減」美容のすすめ』『もう一度大人磨き 綺麗を開く毎日のレッスン76』（以上、講談社）などがある。

いつも綺麗、じゃなくていい。
50歳からの美人の「空気」のまといかた

2020年3月11日　第1版第1刷発行

著　者　松本千登世
発行者　清水卓智
発行所　株式会社 PHPエディターズ・グループ
〒135-0061　江東区豊洲5-6-52
TEL　03-6204-2931
http://www.peg.co.jp/
発売元　株式会社 PHP研究所
東京本部　〒135-8137　江東区豊洲5-6-52
普及部　TEL　03-3520-9630
京都本部　〒601-8411　京都市南区西九条北ノ内町11
PHP INTERFACE　https://www.php.co.jp/
印刷所
製本所　図書印刷株式会社

ISBN978-4-569-84654-5